幸福的能力

让女人少奋斗十年的秘密

打坐十年 / 著

哈尔滨出版社
HARBIN PUBLISHING HOUSE

女人的幸福力

幸福最初是一个哲学概念。两千多年前的古希腊时代就有两种理论：一种是“快乐论”——幸福是一种快乐的体验；另一种是“实现论”——幸福不仅仅是快乐，更是人潜能的实现，是人的本质的实现与显现。从古至今，人们怀着对美好生活的向往，不断地丰富着幸福的内涵。其实，不管我们怎样去理解幸福，有一点是无法改变的，那就是人的幸福模式并没有统一的样板，追求幸福的法门也无章可循。不过，幸福却并非一个无解的谜题，也并非遥不可及，有时答案十分简单：只要你愿意，你一定可以幸福；只要你用心，你一定可以获得比别人更多的幸福。因为，所有有关幸福的条件都来源于你自己的幸福力。

那么，什么是幸福力？针对女性来说，首先就要认识到，仅靠单纯的生活感受来追求幸福是远远不够的；格式化的生活方式也不会给你带来幸福感，更不会增加幸福度，反而可能会增加痛苦。女人要想获得幸福，必须具备三种能力：设计幸福的能力、达成目标的能力和平衡内心的能力。这三种能力，统称为幸福力。

有人说，女人的一生应这样度过：十而乖，十五而聪，二十而甜，二十五而美，三十而媚，三十五而庄，四十而强，四十五而贤，五十而润，五十五而淳，六十而慈……其实，对此并不能一概而论，这一标准也不适合所有女人。有一种女人，无论嫁给谁，她都会幸福。因为她知道自己真正想要的是什么，她知道如何去倾听自己内心的声音，然后按照它的指引去设计自己的生活，而这正是获得幸福的前提。生命是需要设计与规划的，幸福也不例外。幸福不会从天而降，一次幸运不可能带给一个女人一辈子的好运。人生就像一部电影，你的故事是幸福还是不幸，全看你自己怎样去导演——这会考验你是否拥有设计幸福的能力。

如果你清楚自己的目标——要过怎样的生活，要成为怎样的女人，下一步，就要努力让自己具备获得幸福的第二种能力：达成目标的能力。本书就是与你一起探索和分享这其中的方法，书中通过生动的事例告诉女性读者，达成目标的能力是可以学习的，其中就包括怎样争取幸福。比如当你因为自己长得不漂亮而自怨自艾时，或许你忘记了作为一个女人的最大财富不是美貌而是女人味，让自己变得具有女人味，不仅可以令男人动情，而且也可以令女人倾心；当你因为生活琐事困扰而变得听天由命时，或许这种消极的生活态度是因为你把所有的希望都寄托在别人身上，而非自己。或许你忘记了一个成熟的女人应当做到先处理心情再处理事情，先分析心态再分析事态，有时摧毁婚姻的并不是男人，而是女人自己。面对外遇，聪明的女人都知道责备并不能控制局面，只能加深裂痕；当你因为遇到一个把自己朝“上床”方向引导的男人而感到害怕时，或许你该学习怎样让男人时刻都需要自己，而不是在需要的时候想起你……当然，书中的内容并不一定适用每一个人，但只要有一句话触及到了你的心，一定真的会改变你的生活。

至于平衡内心的能力，需要你具备一个成熟的心态，来面对生活中的各种境遇。有的女人生活一帆风顺，衣食无忧，但她们的幸福指数并不高；而有的女人历经生活困顿和苦难，却仍能保持一种平静和快乐的心境，这正是强大的平衡内心的能力之功。一个女人只有具备成熟、平和的心态，才能知道幸福其实并不需要太多条件，它源自内心，与外界无关。

西蒙·波伏娃曾说过这样一句话：“我们不是生来而为女人，我们而是要做女人。”也许女人终其一生都走在成为最精彩的自己的那条路上。现实生活中，每个女人之所以对幸福的感受不一样，是因为每个人获得幸福的能力不一样。努力去训练自己吧，当你具备了幸福力时，你会发现，其实幸福真的很简单——有人爱，有事做，有所期待的生活就是幸福的生活。

目录

女人味是上帝的恩赐

女人味是上帝为女人量身定制的华服，它能让芳华已逝的女人延续魅力，又能让花季女人洋溢着柔情。拥有女人味，三分漂亮可加至七分；没了女人味，七分漂亮降至三分。女人征服男人的秘密，不是她的美丽，而是她的女人味。

在当今社会，让男人佩服的女人越来越多，而让男人幻想着娶回家做太太的女人却越来越少。由于女性对温柔内涵的理解逐步发生变化，她们一味认为若想取得独立，就要像男人一样果断利落，该决断的时候毫不犹豫，在风浪面前处变不惊，但却忘记了作为一个女人的最大财富——女人味。

一次，英国女王伊丽莎白与老公闹别扭，老公气得闭门不出。半天过去了，女王心疼地叫老公开门，开始时这位女王义正词严地说：“快开门，我是女王。”房门仍是紧闭着。女王又说：“我是伊丽莎白，请开门。”对方仍不理睬。女王灵机一动，温柔地说道：“亲爱的，开门，我是您的妻子。”这时，紧闭的房门悄悄地打开了，女王的老公站在门口，深情地望着女王说道：“进来吧，亲爱的。”

女人味不是某个女人的特质，而是所有女人都具备的特质。它是一种无形的力量，传达出女人的气息。它所代表的不仅仅是成熟、温柔、美丽和性感，还是一种风度、优雅、韵味和修养。

女人味就像上帝专门为女人量身定做的华服，聪明的女人在任何时候都不会丢弃这身华服，在与时间的斗争中，她们懂得了只有女人味可以使自己保持永久魅力。因此，她们从不会摆出一副百毒不侵的女强人的面孔，而是无时无刻不散发着似水柔情。

对任何一个女人来说，都应该时刻记住：一个富有女人味的女人永远会吸引男性的注意，这种气质来自于你平日里的一举一动。因此，如何培养自己的女人味需要多加练习，可能在一开始时会有演戏的感觉，但不停地演下去，投入真情实感，就会逐步找回失去的自我；要多与女性为伍，从言行举止上与别的女性反复对照验证，不断认同，强化自己的女性举止行为，因为一般女性所表现出来的角色特点就是社会性角色观念的投影；还要多注意自己的服装，恰到好处地修饰打扮自己，多选择能展现女性柔美特点的服饰装扮自己，使自己变得温柔可爱，这不仅会强化自己的性别角色意识，更能吸引男人。

何谓女人味

世间所有的女子，都游荡于淑女与泼妇之间。泼妇自然是没人想做的，但做一个优雅的、有味道的女人，则是每个女人的梦想。不仅如此，男人也在呼唤淑女回归，多少男人在为女人失去温柔而叹息。

那么，何谓女人味？朱自清先生有过这样一段对女人的描述：“女人有她温柔的空气，如听箫声，如嗅玫瑰，如烟似雾，笼罩着我们，她的一举步，一伸腰，一掠发，一转眼，都如蜜在流，水在荡……女人的微笑是半开的花朵，里面流溢着诗与画，还有无声的音乐。”

有的时候，一个温柔的眼神，一个优雅的姿势，一个浅浅的微笑，一句淡淡的问候，一个无言的关怀，一个体贴的举动，一个善良的帮扶，不经意间流露出的品位，处变不惊的宁静心态，笑对人生的淡泊情怀……都是女人味的体现。

富有女人味的女人并不一定就漂亮。漂亮不等于有女人味，不等于有神韵。女人味是散发出来的，在不经意间悠然出现，悄然潜入你的视线，分别后有余音袅袅、回味无穷的感觉，是平静中达到的一种眷念，是走过那片荷塘仍留在那里的藕断丝连！女人味包含着美丽，而美丽却不等同于女人味。漂亮的女人不一定有女人味，有女人味的女人却一定很美。花朵可能花瓣妖娆，姹紫嫣红，却不一定暗香浮动，疏影横斜。外表漂亮是最靠不住的，美丽的外表会被时间磨得失去光泽，女人味却可以突破年龄这个残酷的界限。君不见有些发如霜雪的女人仍很有味道；也有的女子尽管年轻漂亮，但摆在任何地方都是一样，很难显现出个性典雅的韵味。

前卫的女人也不代表有女人味，不要以为穿上古怪的服装就有女人味，这样的“味儿”是一种“怪味儿”；有钱的女人不一定有女人味，因为物质堆砌不出女人味，化妆品只能造就女人的皮肤，这样的女人铜臭味有余而情调不足，情调不足则索然无味；弱不禁风也不是女人味。有味的女人不是病恹恹意慵慵，有味的女人青春健康、肌肤红润、活力充沛，任何时候都光彩照人、灿烂依然。

实际上，女人味也是女人的内在修养。千万别小看女人的内在修养，它可以令男人振奋，也可以使男人颓废；它可以造就英雄，也可以使英雄毁灭。女人味是一种品位。没有品位的女人，任你如何修炼都只能是肤浅苍白的。有女人味的女人，是一种淡淡的持久的清香，她会乐于学习谋生的手段，生存的技能，适应社会、家庭、工作及生活发展的各项本领，更乐于学习知识，上网沟通，孕育内涵，充满神韵；拥有了丰富的知识之后，会变得更加优秀，知识赋予她底蕴，陶冶她的情操，使她变得温文尔雅、善解人意。但并不整天迷恋时尚杂志和八卦新闻；文史哲各有涉猎；偶尔爱看流行电影，但眼球不局限于情节，而能从中看到不一样的东西，这样才能使人充实明理、境界升华，使人拥有平和的心态，客观地认识社会，直面人生。胸存江海容乃大，“腹有诗书气自华”。知识女性，有着丰富的内涵，即使素面朝天，依然会显得出高雅雍容，由内而外散发出一种淡淡的芬芳。广泛的兴趣爱好，积淀了她的内敛的心灵。能凭自己的内在气质令人倾心的女人，是最有女人味的女人。

清纯秀丽，楚楚动人，是一种女人味，让男人生怜；风情万种，举止优雅，是一种女人味，让男人动情；雍容华丽，贵族气派，是一种女人味，令男人臣服。积极的生活态度，可以让自己和别人都快乐。欲说还休女人味，说不清的，正是女人的娴静之味、淑然之气。

女人味是一种精神

世上有一种斗争，虽然注定会失败，但却因精神的美丽，虽败犹荣。女人与时间的斗争便是这一种。作为女人，没有不希望青春永驻的，但残忍的是，所有的女人，无论她有多大的雄心壮志，最终都不免要老去。青春永远只是人生的美丽过客，来不及缱绻情长，便倏然离去。但所幸还有精神，还有女人味。

令人遗憾的是，现实生活中有许多女人一到中年便万事皆休，任服装永远过时，任大腹便便，任嗓子粗哑，任举止粗俗，任精神荒芜……这种心灵上的皱纹比脸上的皱纹更让人痛心，好像随着青春的逝去，她的个性也随之泯灭了。她不再是个女人，因为她完全失去了女人的优雅，这是很可悲的。青春无法把握，失去了无须惭愧，但女人的优雅却是一种精神，把它丢失了则全是女人自己的错！

女人味是一种精神，是青春少女所不能拥有的财富。看看离婚两次的辛普森夫人所造就的几乎是整个人类历史上唯一的一场“不爱江山爱美人”的大浪漫，请问那些未谙世事的小女孩撑得起这个场面吗？

辛普森夫人是一个美国人，原名叫贝西·沃利斯·沃菲尔德，是一个私生女。不仅是沃菲尔德和蒙塔古家族中唯一一个没有记录在册的后代，也是沃菲尔德家族中第一个不曾受过洗礼的孩子。

小时候的沃利斯是个外向、调皮、活泼的小姑娘。她最早接触到的读物就是有关时尚、歌剧、流行时装以及有关英国国王和王后的故事。她从小就像王室成员那样举止高贵优雅，她从不叫艾丽斯“妈妈”，而是叫她“妈咪”。她的穿戴总是干净、整洁，头发梳得一丝不乱，因为她知道任何仪表上的邋遢都会招来鞭打或罚洗冷水澡。她的铅笔总是削得尖尖的，衣服和裙子熨烫笔挺。从未有人看见她嚼口香糖或啃吃剩的半个苹果。12 岁时，沃利斯变得更加叛逆，她的聪慧、伶俐简直让人受不了。她高而尖的嗓门、一串串连珠炮似的问题、大胆又信心十足的神情加上常戏剧性发作的头痛病，使她成了公认的难管教的孩子。

1911年，沃利斯迷上了一个叫劳埃德·塔布的英俊少年，塔布有一个富裕的家族。沃利斯的朋友们都妒羡她能拥有这位绝顶完美的男朋友，她们相互打听，想知道作为她们中最不漂亮的女孩她是如何成功地追到这位帅哥的。沃利斯成功的秘密在于她认真仔细地研究过她的猎捕对象。尽管对于足球没一点兴趣，她却设法了解到塔布在学校足球队踢进的每一个球。她知道他以多少分钟夺得了游泳比赛的冠军，喜欢吃什么冰激凌以及酷爱冬季滑冰。这些得归功于塔布的朋友们，他们悄悄帮助她实现了阴谋俘获塔布的计划。沃利斯知道如何去奉迎男孩子，如何增强他们的自信心。她大胆地抚摸男孩子壮实的双臂，尽管这种举动在当时被认为有些过分和有失体统。她还懂得如何逗塔布一家人开心以讨他们喜欢。

和当时成千上万的年轻女孩一样，沃利斯也迷恋上了传说中的英国王位继承人——长着一头金发、年方十七的威尔士王子。她的房间里挂了几十张王子的照片，她还剪辑出所有有关王子的报道，时刻关注着王子的一举一动。

18岁的沃利斯开始把自己看做女人。可以说，并不漂亮的沃利斯确实是一个万人迷，所有年轻的男孩子都喜欢她，都愿意与她交往。而沃利斯本人甚至不怕被人说三道四，开始了一系列令人费解又眼花缭乱的浪漫情史。1914年1月，她随表姐到新组建的海军航空中心基地散心，邂逅了英俊的军官厄尔·温菲尔德·斯潘塞，这个人成了她的第一任丈夫。

与丈夫离婚后，沃利斯开始频频约见老朋友。在意大利大使馆举办的一次招待会上，沃利斯向迷人的意大利大使频送秋波，她达到了目的。随后，沃利斯又开始注意上了阿根廷大使馆一等秘书、35 岁的费利珀·埃斯皮尔。沃利斯没有错过任何机会，她设法让自己受到邀请参加埃斯皮尔也会出席的晚会。这个并不漂亮的女人竟然轻而易举地俘获了费利珀·埃斯皮尔，两人的私情也成为当时华盛顿的一桩丑闻。

1931 年 6 月，威尔士王子换上便装，登上一列便车，只身出外游玩。火车空空荡荡，偌大一个包厢，除他外，只有一个单身女人，这个女人就是沃利斯。威尔士王子见她金发蓝眼，皓齿厚唇，体态丰盈，秀色可餐。言谈间风情千种，移步时仪态万方。威尔士偷窥良久，怦然心动，不禁打破在女人面前冷若冰霜的冷面郎君习惯，主动与沃利斯攀谈。二人天南海北闲扯，从伦敦的雾天到大西洋的风，从法国的白兰地到西班牙的古城堡，话越说越多，并一发不可收。年届 37 岁的王储第一次彻底投入，而且感到身心愉悦。到这时为止，沃利斯并不知道这个人的真实身份，仍把这位英国男人当做一个普通人。

威尔士王子和沃利斯一见钟情，并从此成为知交。两人频频约会，形影不离，双双出没于上流舞场、下等酒吧、泰晤士河游艇上、维也纳多瑙河岸、意大利比萨斜塔，到处留下两人的莺啼软语。二人一个风流倜傥，一个绝色倾城，一时成为新闻的焦点和人们街头巷议的对象。有人大谈沃利斯被立为英国王妃的可能性，但这一猜测立即被洞悉英国王室继位惯例的人们否定。沃利斯虽没有沉鱼落雁之色，但浑身上下确实透露出雍容华贵之气，但她年长王储好几岁，有过婚史，出身于贫贱人家。不仅如此，辛普森夫人还是美国公民，一向高傲无比的英国人绝不会接受一个已婚的美国妇女作为自己国家未来的王后。这有损于大英帝国的赫赫威名！王储钟情于这个女人大概是逢场作戏，一场闹剧而已。然而，所有人都错了。威尔士不仅深爱着这个女人，甚至做出了更令人惊叹的事情，那就是放弃继承王位！

沃利斯具有美国人的独立精神，意志坚强、幽默乐观、见解独特，最重要的是她极富女人味。她不漂亮，但体态轻盈，优雅高贵，有教养。她布置的家舒适得令人叫绝；她张罗的美式晚宴会赢得国王的赞赏；她能让这个疲惫孤独的男人，说出不能对任何人说的心里话。就像懂自己的心思一样，她懂得这个男人的每一个用词和字眼……作为英国王子什么样的漂亮女人没见过？但他之所以选择沃利斯，是因为他所接受的是她整个的人和这个人所创立的一整套有情趣的生活方式。沃利斯住宅中那张喝鸡尾酒的小桌，威尔士就非常感兴趣。桌子和酒——我们看到的仅仅是一种富足的生活方式。威尔士体验的却是同样属于生活本质的，同样需要珍视的温馨、舒缓、诚挚、从容，这里是一个可以让流浪的心灵停下来落落脚的地方。

威尔士眼中的沃利斯是个神秘、新奇、捉摸不透的女人。她当然也有不可爱的一面。不过，好也罢，坏也罢，爱情是并不怎么讲道理的。她能让威尔士只对她一个人说："我永远不会放弃你，永不后悔。如果再让我选择一遍，我还选择你。"作为女人，这已经足够了。她还想怎么样呢？

像辛普森夫人这样有女人味的女人如稀世珍宝，比如国际著名影星伊丽莎白·泰勒，她能让"优雅不老"成为现实。这个永远的美女告诉我们一个事实：女人心中只要能够保持女人味这种精神，那么她在任何年纪都可以活得精彩靓丽。伊丽莎白·泰勒在她的回忆录中说："我的座右铭：永远真实地面对自己，不管别人怎么看。我非常愿意也很高兴地、百分之百地适应我丈夫的生活，无论风风雨雨我都不在乎，说到底我有很强的弹性；但是我承认如果我被过分地疏远，哪怕是我的丈夫，我内心的反叛念头便会出现。男女之间确实存在着巨大的差异，我深深地体会到这种差异，并拥抱着这种差异。如果我爱上某人，我会毫不犹豫地同他结婚。黎明还没有到来，你只有摸黑走路，你将会相信任何你抓住的东西，因为四周不是山崖就是沼泽，你别无选择。我无法忍受强烈的孤独感，我感到缺少一个人，他能理解我，了解我的感情的每一个细节并向我袒露他的感情世界。智慧，这是必不可少的美感条件；文静、温柔将给女人的形象锦上添花。一个 20 多岁的女人，她的形象是天生的；而一个 40 多岁的中年妇女，她的形象是由她的智慧和品德决定的。"

让我们永远记住这个越老越优雅的美国影星的话吧，她是何等坚定地表达了不让岁月带走芳华的信念。事实上，每个女人都应该有这样一个信念——当岁月带走青春时，爱人亲吻着我们脸上的皱纹说："我骄傲，我有一个'老来俏'的妻子！"

绝不可失去女人味

聪明的女人永远知道保持自己作为一个女人的魅力，在她们身上总是散发出一股令人向往的女人味。她们知道，失去女人味的女人就像鲜花失去了香味一样可怜、可悲。毫不修饰的中年女人容易心胸狭窄，她们会对陌生的漂亮妇人横眉冷对，对熟悉的女人胡乱干涉。遇到熟悉的女人穿戴整齐，略施脂粉，她们也会大惊小怪地当面斥责。背着人她们还会不负责任地胡言乱语，仿佛略施脂粉的女人就一定是生了外心，有了外遇。毫不修饰的中年女人更容易忽视人格的修养，也不注意穿衣着裙的种种细节，缺乏人际交往中必须具备的常识和礼貌，衣冠不整地出现在公众场合或是办公室。她们在不经意间的失误掩盖了她们在生活中的种种努力和辛劳。

玛格丽特公主于1930年生于苏格兰，是家中的幼女，父亲约克公爵的掌上明珠。聪明、漂亮的她在幼时是如此可爱，以至她的父亲曾无比自豪地对别人说："就连树上的鸟儿也会被这小家伙吸引下来，围绕着她歌唱的。"然而在公众眼中，玛格丽特公主的姐姐伊丽莎白永远是尽心尽职的，而玛格丽特却始终只是一个漂亮但被宠坏了的孩子，甚至在很多年里一直都是英国王室的麻烦。

年轻的玛格丽特一直是她那个时代的黛安娜。她漂亮、高贵，而且，比后者还要性感，是当时贵族社交圈里的一颗明星，身边不乏倾慕她的贵族青年。然而，玛格丽特并没有像姐姐伊丽莎白那样，在这个圈子里成就一段合适的婚姻，对她而言，这些人只是自己的玩伴，而她自己所中意的，却是当时父亲身边的一名侍卫官、二战中击落11架敌机的战斗英雄彼得·汤森上校。那一年，她17岁，而汤森上校则32岁了，而且还是一个结了婚的人。这段恋情终于在1953年被曝光，所引起的震动可想而知，舆论和王室开始对这对恋人施加压力。英王室宣布如果玛格丽特公主与一个离过婚的男人结婚，那么她将失去所有封号和财产。1955年11月，玛格丽特宣布她不会与汤森结婚，这段传奇恋情以悲剧结束。汤森后来曾这样说道：

“她要是下嫁我，就要放弃一切。我知道我根本不够分量补偿她为我损失的一切。”

1960年，玛格丽特与有着贵族身份的斯诺登伯爵安东尼·阿姆斯特朗·琼斯结婚。这段婚姻在争吵和分居中维持了18年。作为贵族社交界的重要人物，玛格丽特热衷于参加各种鸡尾酒会，忙于四处交际，并自诩为当时的“性感女子”。她一手拿着雪茄、一手举着酒杯的形象是大家都十分熟悉但又很不以为然的，然而玛格丽特却并没有因为别人的不满而收敛一下，反而愈发地整天陷于烟酒之中，烟瘾最大时每天甚至要抽掉60支烟。酗酒、抽烟，还有总是在家中举行无休无止的酒会，这一切终于让她的丈夫忍无可忍，他们于1976年宣布分居，玛格丽特从而成为20世纪英国王室第一位宣布分居的人，并最终于两年后离婚。

其实，早在还与阿姆斯特朗·琼斯保持婚姻关系的1973年，玛格丽特便与比她小17岁的青年设计师罗迪·卢埃林开始了一段忘年恋，他们的绯闻在1976年还一度成了各大报纸的头条，也直接导致了玛格丽特和阿姆斯特朗·琼斯婚姻的决裂。

当玛格丽特结束了18年不幸的婚姻时，已近中年，心态变得十分古怪。这个时候，戴安娜王妃似一朵娇艳的玫瑰花绽放在英国王宫肯辛顿宫。在盛大的晚宴上，戴安娜王妃那一件件设计独特新颖、色彩绚丽夺目的华服，充满青春活力的举止言谈，都让玛格丽特这位温莎王室第一美女不能忍受。她认为自己风华绝代却一生平淡，而戴安娜在许多方面都与她的高贵不可比拟，却光芒四射。她一直耿耿于怀，两个人的怨结就此埋下。

她的平淡保守与戴妃的张扬自我形成了相反的两极，在所有王室成员中她最早看不惯戴安娜，屡次对姐姐伊丽莎白二世和外甥查尔斯诉说戴妃的轻慢无礼，可以说她亦是戴妃与王室决裂的始作俑者。平时，两人同居一宫，但她从来不理睬热情向她问候的戴妃，尤其在公众场合，这令戴妃非常难堪。后来，玛格丽特在朋友和家人的陪伴下安静地度过了余生。

与辛普森夫人一样，颇受争议的玛格丽特公主，也是一位有修养的女人，但她一生充满波折。熟悉玛格丽特公主的圣约翰勋爵说："在许多方面，她是我所见过的最有智慧、最聪明的女人。她的一生固然是波折重重，不过她在最后十年似乎找到了心灵的泊岸处。她说不上是郁郁而终。"然而，纵观玛格丽特公主的一生，她的所作所为很难让她成为一个好妻子。晚年的玛格丽特身边只有比她小 17 岁的花花公子卢埃林宽慰她、陪伴她，弥补了她失去夫婿而产生的孤独和伤感，由此也引来了媒体的攻击和鞭笞。甚至在 1980 年花花公子卢埃林离开她的几年后，她轻浮、风骚的印象却仍然难以在大众心目中抹去。1980 年花边作家的《没有满足的生活》一书出版，使她的公众形象更趋黯淡。从此她的病情总与媒体对她抨击的起伏相关。

淑女可比善男，巧妇能敌贤夫

淑女可比善男，巧妇能敌贤夫。男女平等并不是男女雷同；有一种女人天生独立，凡事都想要模仿男人、与男人相似相仿，这种女人是走入了歧途。传统女性的美德，诸如温柔善良、细腻精致，与诸如孔武有力、勇敢坚毅、方正克己等男性美德是同样的重要。这两种美德相互补充，都是一个完整的个人不可或缺的品质；也就是说没有被称之为女性色彩的美德，男人就如蛮畜；同样，没有男性美德的女人就如破敝的衣服。按照这种说法，如果女人在期望追求两性平等的时候忽视女性美德，那么她就是在犯错。

女人有很多类型，有的属于可爱型，有的属于淑女型，有的则富有天生丽质的女人味。说到女人味好像想象的空间更宽广一些，如性感、妩媚、风情万种等等。然而现代是个开放的时代，很多女性都有自己的风格，有的打扮得很中性，但是骨子里却散发着小女人的气息。那么，什么样的女人最有女人味呢？

做事周密细心的处女座性格中便透露着优秀女人的味道，她们时时刻刻都在注视着生活中的每一处微小细节。处女座的女生从小就学习如何让自己当一个淑女，从小到大她会观察身边比较有气质的女人的言行举止，没有人教她，她也愿意学，长大了以后，她也一定保持优雅得体的举止，再加上她有一种清纯少女的感觉，这种气息让男人无法抵挡。

当然，开朗乐观的调皮姑娘，活泼而又可爱，爱玩爱闹，这种性格中也透露出女人的味道。她们最喜欢走甜美可爱路线，不为男人打扮，只为自己打扮。当为自己打扮的时候，她们会参考各种时尚服装杂志，因此平日的打扮就会很得体，虽然是为了让自己开心，但是她会穿得让男生觉得这才是女生该穿的，例如布料很少、短裙等等。

聪明的女人决不会因自己独立意识的发展而放弃一些传统女人身上最珍贵的东西。她们知道，女人在追求事业的同时，在感情上不能变得过于现实、麻木，不然女人天生的温柔之美将荡然无存。她们绝对不会让自己成为这样的女人——一方面让男人佩服，另一方面却令男人惧怕。

随着社会的发展，时代的进步，越来越多的女性走向社会，也出现了越来越多的女强人，我们时常可以看见许多智慧型的美丽女人出现在电视上。随着女性独立意识的增强，这些女强人也会丢失一些传统女人身上非常珍贵的东西。女人在事业上追求上进，在感情上变得现实、麻木。真正的温柔之美变得罕见，能让男人佩服的女人很多，而让男人幻想着娶回家做太太的女人却越来越少。

温柔、体贴、和蔼、细心、勤勉、负责是上天赐予女人的天然财富，如果一个女人身上的男性特点比重很大，就缺少女人味，有损于女性形象。女性角色的主要特点是“阴柔之美”，时代要求我们做到“柔中有刚”，把握好这个“度”确实很难。比如，个性豪爽、性格开朗的狮子座做事虽然具有魄力并富有领导气质，但狮子座的女生讲话往往也会孩子气，而且有时会做出很可爱的反应。甚至狮子女如果凶得恰到好处的话，其实会让男人觉得很可爱，感觉她是一个娇娇女，娇蛮的样子让那些有被虐倾向的男生为之疯狂。

做了奥地利皇后的茜茜公主是一位柔中带刚的女性的典范。她爱丈夫，具有温和、体贴、宽容、善良等女性特点。当时奥地利貌似强大，实际上危机四伏，茜茜公主周游访问了许多国家，以她的谦和、善良、真诚、宽容和对人民的尊重与爱，消除了许多国家对奥地利的敌视，给人民带来了和平，赢得了人民的爱戴。在维持和平、消除战火隐患的过程中，也体现了茜茜公主身上所蕴涵的刚毅、坚忍、勇敢、豁达等男性的性格特点。

还有一种女人，其占有欲特别强烈。比如富有直觉的天蝎座女人，就颇有女人味，她们往往能够把自己的情感发挥到极致。天蝎座以神秘气质取胜，她的独特女人味是从她的眼神中散发出来，有些男人觉得与这种女人交往才过瘾，让男人感到既刺激又危险，好像掉进温柔乡里却又不知道什么样的惊奇会出现。她的神秘气息让人摸不着，猜不透。这种魅力简直让男人们无法抵挡。

所以说，作为一位现代女性，要柔而不弱，柔中有刚。让自己变得富有女人味，当男人需要的时候，将自己的爱意柔情奉送给他，使他重新顶天立地地站起来。用女人可贵的宽容，帮他逐渐克服缺点，矫正不足；用女人善意而得当的批评，感化他、督促他，使男人主动扫清心境，在改正的同时，心存感激。

一个有女人味的女人，她内在的高雅的气质，不仅可以令男人动情，而且也可以令女人倾心。

幸福的能力之二——独立

能搞定自己的女人更让男人崇拜

你生活得好与不好不是一种虚荣，要拿出来在众人面前炫耀；你生活得快乐不快乐不是一件美丽的衣裳，要穿在外面给大家欣赏。你的人生是你一个人的事情，你幸福或者不幸福，只有你自己知道。生命有无数种形式，活法不止一种。别人看着自然，自己活的别扭是一种；自己活的自然，别人看着别扭又是一种。在这个世界上，过自己喜欢过的日子，就是最好的日子，活自己喜欢的活法，就是最好的活法。

女人是爱幻想的动物，她们脑子里的想法永远都是男人无法想象的，总是充满了浪漫情节。在生活中，也不乏这样的女性，她们生活在自我想象的世界里，不自觉地把自己假想为一个需要特殊关怀与宠爱的弱者。这种强烈的自恋倾向局限了她们的活动和思考能力，多少使之失去了一点自我，因此许多女孩子喜欢依附男人，随波逐流，她们对此似乎有一种执迷不悟的痴迷。

然而，有些女人却不这样，她们崇尚经济独立、个性开放的生活态度，不会被任何有碍自己发展的事物所拖累，她们不喜欢让别人替自己作决定，这样的女人虽说看上去过于强硬，但她们内心却柔弱至极，只是没有表现出来。与大多数女人相比，她们活得很自由，倾向于用自己的智慧去赢得财富，过自己所向往的生活。

现实生活为人制定了很多规则，也为女人制定了更多的规则。这些女人却不看重这些规则，她们有自己的生活态度，想要做什么就去做什么，喜欢什么就勇敢追求什么。总之，她们以享受生活为目的，而不局限于那些迫不得已的活动。做饭和料理家务，这全是迫不得已的活动，其中的焦虑早已取代了享乐或成就感。享乐主义的精髓就是自生自发。自生自发意味着摒弃标准，即那种人人都必须达到的标准，并且建立一种自我调节的原则。她们知道，只有享乐的女人才会上天堂。当然，前提只有一个，那就是要做个创造生活的女人，然后再充分享受生活。

习惯做弱者

到目前为止，绝大多数的女人仍然承认，这个世界就其整体而言是男人的，塑造它、统治它，至今在支配它的仍是男人。至于女人，并不认为对这个世界负有责任。她们总认为自己是劣等的、依附的，这个我们可以理解；因为女人没有上过“暴力课”，也从未作为主体昂首挺胸地站在群体其他成员的面前。她被封闭于她的肉体和她的家庭之中，所以她认为自己是被动的。在这个意义上，说她是一个“永远长不大的孩子”是符合事实的。

这个年代，虽说依附男人没有什么过错，但有时候这种做法并不会让女人快乐。不论一个女人多么富有才华和智慧，总是容易在感情上受到伤害的，而找不到正确的人生航向。天才少女克洛岱尔为她的导师和情人罗丹奉献得太多了。她丧失了自己的独立性后，失去了本该属于自己的盛名和财富，到最后连爱情都失去了，可以说是她自己导演了自己的人生悲剧。

罗丹第一次见到克洛岱尔时，就爱上了她。其中的一个原因是克洛岱尔带着一种野性的美，性感的嘴唇，以及赤褐色的头发下“绝代佳人”的前额和深蓝色的眼睛；另一个原因即克洛岱尔是一个极富才气的女子。当与罗丹相遇时，克洛岱尔也主动地向这位比自己年长24岁的男人敞开了自己纯净和贞洁的少女世界。这完全是由于罗丹的天才，因为男人的魅力就是才华。

罗丹的一切天性都从属于雕塑——他炯炯的目光、敏锐的感觉、深刻的思维，以及不可思议的手，全都为了雕塑而生，而且时时刻刻都闪耀出他超人的灵性与非凡的创造力。虽然当时罗丹还没有太大的名气，但他的才气已经咄咄逼人。于是，他们很快地相互征服。正当盛年的罗丹与洋溢着青春气息的克洛岱尔如同雨紧潮急、烈日狂风，一涌而入他们爱情的盛夏。从那时起，罗丹也进入了他艺术创作的巅峰时期。

而对于克洛岱尔来说，她所做的，是投身到一场要付出一生代价的残酷的爱情游戏中。因为，罗丹有他长久的生活伴侣罗丝和儿子，但是已经跳进旋涡而又陶醉其中的克洛岱尔不可能回到岸边重新选择。他们只有躲开众人的视线，在公开场合装做若无其事的样子，去寻找任何可能的机会，一点空间和时间，相互宣泄无尽的爱与无法克制的欲望。从学院路到大理石仓库，到莺歌路的福里·纳布尔别墅，再到佩伊思园……在工作室幽暗的角落里、在躺椅上、在满是泥土的地上，两个人沉浸在无比美妙的情爱中。

罗丹曾对克洛岱尔说："你被表现在我的所有雕塑中。"可以看出，克洛岱尔不仅给罗丹一个纯洁而忠贞的爱情世界，还给了他感悟生命的力量。无论是肉体的、情感的，还是心灵的，克洛岱尔给予罗丹的太多了。

罗丹名扬天下之后，克洛岱尔却一步步走进人生日渐深浓的阴影里。克洛岱尔不堪承受长期守在罗丹生活圈外的那种孤单与无望，不愿意永远是"罗丹的学生"。她从与罗丹相爱那天就有"被抛弃的感觉"，她带着这种感觉与罗丹纠缠了15年，最后精疲力竭，颓唐不堪，终于在1898年离开罗丹，迁到蒂雷纳大街的一间破房子里，离群索居，拒绝在任何社交场合露面，天天默默地凿打着石头。

尽管她极具才华，却没有足够的名气。人们仍旧凭着印象把她当做罗丹的一个弟子，所以她卖不掉作品，贫穷使她常常受窘并陷入尴尬，还要遭受雇来帮忙的粗雕工人的欺侮。这期间，罗丹已经日趋成功。他属于那种活着时就能享受到果实成熟的艺术家。他经历了与克洛岱尔那种迎风搏浪的爱情生活后，又返回平静的岸边，回到了在漫长人生之路上与他分担过生活重负与艰辛的罗丝身旁。他过起富足的生活，又在巴黎买下了文艺复兴时期的豪宅比隆别墅，以应酬趋之若鹜的上流社会千奇百怪的人物。这期间，还有几个情人进入了他华丽多彩的生活。当然，罗丹并没有忘记克洛岱尔。他与克洛岱尔的那场轰轰烈烈、电闪雷鸣般的恋爱是刻骨铭心的。他多次想帮助她，都遭到高傲的克洛岱尔的拒绝。他只有设法通过第三者在中间迂回，在经济上支援她，帮助她树立名气，但有限的支持都没有在克洛岱尔身上发挥真正的效力。

在绝对的贫困与孤寂中，克洛岱尔真正感到自己是个被遗弃者了。本来激情洋溢的性格，变得消沉下来。1905 年克洛岱尔出现妄想症，而且越来越严重。她与一切人断绝来往，身体很坏，脾气乖戾，狂躁起来会将雕塑全部打碎。随着父亲的去世，克洛岱尔彻底疯掉了。这位美丽的女子最终被送入埃维拉尔精神病院，一待就是 30 年。从此，克洛岱尔与雕刻完全断绝，艺术生命的心律变得平直。她在监狱般的病房中过着漫无天日的生活。一直到 1943 年，她在蒙特维尔格疯人院中去世，她的尸体埋在蒙特法韦公墓为疯人院保留的墓地里。

在疯人院里保留的关于克洛岱尔的档案中注明：克洛岱尔死时没有财物，没有任何有价值的文件，甚至连一件纪念品也没有留下，克洛岱尔自己也认为罗丹把她的一切都掠走了。那么克洛岱尔本人留下了什么呢？卡米尔·克洛岱尔的弟弟、作家保罗在她的墓前悲凉地说："卡米尔，您献给我的珍贵礼物是什么呢？仅仅是我脚下这一块空空荡荡的土地？虚无！一片虚无！"可是，克洛岱尔葬身的这块墓地，后来由于政府的征用也彻底地平掉了。克洛岱尔已经无迹可寻了。

罗丹对于一个情人、一个第三者的冷酷丝毫无损于其大师的称号，就像一颗小星星和太阳的光芒无法比拟一样。但是克洛岱尔作为一代才女，命运对她太残酷了。许多女人都像克洛岱尔一样，对感情的期望值往往很高，甚至有一种不屈不挠、执迷不悟的坚忍与痴迷。许多女人已经习惯于把自己当成弱者，总是希望男人照顾自己；她们以爱为职业，而且往往错误地把爱理解为“被爱”。缺乏独立意志，喜欢依附和随波逐流，经常一手导演自己的人生悲剧，丧失独立性后，盛名、财富、爱情也随之丧失。

张爱玲所主张的女人自立的态度到今天仍被广大女性信奉着，那才是女人最佳的生存策略。张爱玲不无嘲讽地指出：“以美好的身体取悦于人，是世界上最古老的职业，乃是极普遍的妇女职业，为了谋生结婚的女人全可以归在这一项下。”许多女人缺乏使自己有可能支配一切的技能。她们习惯于将自己的过错推给社会、环境和男人，而且总是希望男人照顾自己，把自己当成弱者。她们成了以爱为职业的奴隶，把爱理解为“被爱”。在有些女人的心目中，强权即公理，因为她在男人那里所看到的公理，有赖于他们的权力。因此，当社会崩溃时，女人最先拜倒在征服者的脚下。总之，她们接受现存事物，听天由命是她们的显著特征之一。庞贝古城的废墟被发掘出来时，人们注意到，那些烧焦的男人遗体保持着反抗的姿势，蔑视着诸神或在试图逃跑，而那些女人的遗体却缩成一团，脸朝着地，一副屈服的样子。在生活中，有许多女人觉得她们无力反抗事物，无法反抗保护人和男人。她们认为：“女人生来就是受罪的，这就是生活——能有什么办法！”

这种听天由命的态度，使女人缺乏竞争欲望，独立行动的意志不强。即使有些小有成就的女人，她们大多数难以恒保野性，不愿意做一个永远有挑战意志的人，最终都皈依于家庭，确切地讲，皈依于一个男人。这其实是最危险不过的事情。看看英国历史上伟大的“童贞女王”伊丽莎白一世的誓言：“我宁可沦为单身乞丐，也不愿做已婚的女王。”为什么会这样呢？伊丽莎白从血腥的政治斗争中学到了这则教训。她目睹表妹玛丽女王的人生悲剧，选择任何一个男人，都可能引起英国的混乱，那种结局带来的痛苦远远胜过她独自度过一生的寂寞之苦。女人，一定要学会自己走路！

独立是尊重另一半，也是尊重自己

为什么男人无法拒绝那些富有魅力的女人？这些人们眼中的魅力女人，总是放肆地展现自己最美的一面，而且不吝给予男人更多超乎想象的东西。男人其实偷偷羡慕着那些勇于抛开乖宝宝守则的女人，这些不守规则的女人们首先看上去很“坏”，她们或许贪得无厌，或许爱慕虚荣……然而，这些往往能够满足男人天生逞勇的战斗欲。因为他们早已认定，女人在两性关系中，一定是卑躬屈膝的那一方，所以一个占尽上风的女人，总是充满诱惑力。更重要的是，这些女人往往都是有魅力的女人。

想必没有人能拒绝像香奈儿这样的女人，这位时尚教母回忆自己漫长的一生时，给世人这样一个忠告：“也许我会令你感到惊讶，但总而言之，我认为一个女人若想要快乐，最好不要遵从传统的道德。作出这种选择的女人具有英雄的勇气，虽然最后很可能付上孤独的代价。但孤独能帮助女人们找到自我。我爱过的两个男人从来不了解我。他们很有钱，却不曾了解过，女人也想做些事。忙碌起来能使你的分量加重。我很快乐，但几乎没人知道这一点。”

晚年的香奈儿生活惬意，她对侄孙女说道：“由种种事情来看，我的一生完全正确，我没有丈夫、小孩，但我有一堆财富。”香奈儿和绝大多数女人一样，她也渴望爱情，就像她自己所说：“无论什么年纪的女人，如果没有人爱，就只能算是失败的女人。”她无法忍受她中意的对象不爱她。但她痛恨依赖男人，只要不对她构成羁绊，她都乐意有男人为伴。若有人硬要她在事业与男人之间作抉择，她肯定选择事业。

香奈儿是一个崇尚经济独立、个性开放的时尚女人，也是一个浪漫的女人。她的名字后来成为女性解放与自然魅力的代名词。她特别在意自己的独具个性的生活，有趣的是，她一生中为自己编造了许多谎言，如将地位卑微的父亲说成高贵的富商，不承认有兄弟姐妹，假装不记得一些熟人，甚至包括成功之前对她有恩的人或帮助、支持过她的客户。由于私生女的卑贱身份，所以香奈儿用这些谎言维护自己的尊严。

她是巴黎一家咖啡厅的卖唱女。她穿着乡下女孩的木屐，哼着“谁曾见到Coco，在特洛卡代罗”走在巴黎街头，一些退伍兵为这个放荡不羁的女孩起了个“Coco”的绰号。

香奈儿经历过一段失败的感情，18岁时当了花花公子博伊的情妇，但却给她带来了一生的转机，使她得以有机会开了三家时装店，使她的服装进入巴黎的上流社会。

对于浮夸与矫情的上流社会，香奈儿的服装是玛戈皇后礼服的翻版。香奈儿和她的服装充满了怪异，但也充满了致命的吸引力。有一次，她的长发不小心被烧去几绺，她索性拿起剪刀把长发剪成了超短发。在她走进巴黎舞剧院之后的第二天，巴黎贵妇们纷纷找到理发师给她们剪“香奈儿型”。无论是香奈儿的香水还是香奈儿的服装，真正的魅力在它们的制造者身上。

30岁以后的香奈儿还清了博伊的钱，她独立了。从1930年一直到她死，她都独自住在巴黎的里茨饭店的顶楼上，她是世界“50年中最大的服装设计师”，但不是妻子，不是情妇，不是母亲。每天晚上睡觉的时候，她唯一需要确定的是，那把心爱的剪刀是否放在床头柜上。她说：“上帝知道我渴望爱情，但如果非要我选择，我选择时装。”

有些女人之所以能够吸引男人，就在于她们真正地知道自己的欲望。她们崇尚经济独立、个性开放，特别在意自己的独具个性的生活，从来不需要男人供养。她们靠自己的智慧赚得财富，但并不是为了追求享乐，只是为了赢得生命的尊严。这些女人从不去依附任何人或任何事，不知道什么叫服从，什么叫屈服，什么叫忍让，她们知道那样会沦为奴隶，每一个人的奴隶。

这样的女人之所以这样做，并不代表她们要做一个忙于事业的“女强人”，而是知道如何去做一个好女人、好主妇、一个独立的母亲。她们知道自己承担这些任务是出于对她们另一半的尊重，也是出于对她们自己的忠实，因为真正具有独立精神的女人非常忠实地对待自己的命运。所以她们知道如何既成为丈夫的替身，又要成为她们自己；既要承担照料他们的任务并参与他们的成功，又要关心她们自己的命运——有时更多的甚至是这种关心。

由于是在尊重男性优越地位的氛围中成长起来的，她们现在仍可能认为应当把男性摆在首位；有时她们担心如果她们要求把自己摆在第一位，会毁掉自己的家庭；不过在坚持自己的权利和谦让这两种欲望之间，她们知道如何让自己在男人面前取得独立，这种观念往往能让她们作出正确的选择。

以自身的幸福感受为生活标准

任何女人都得承认，男人在女人的一生里都很重要，他们是父亲、儿子、朋友、情人或丈夫，但有独立精神的女人从来不依靠男人来供养。她们会把男人看成和自己一样的人，从不盲目崇拜“英雄”，她们相信自我，热爱自己的身体，她们已经通过工作赢得了独立。

女人要做什么样的人，全靠自己的选择。如果想做一个独立、自由和有尊严的人，什么时候都可以做到。如果想做一个不劳而获的寄生虫，现在也随处可见。大多数女人都想将头靠在一个宽厚温暖的肩膀上，想有一双有力的臂膀紧紧抱着自己，让自己在波澜不惊的港湾里安闲地停靠。如果女人过分地看重自己柔弱的一面，常常会导致对男人的过分依赖。离开男人的时候便六神无主、心绪不宁、烦躁不安，就像藤一样，没有了参天大树可供攀附，便不能向上生长，而只能匍匐于地。

过多地依赖男人，使太多的女人不想在事业上拼搏，不愿过多地与同性或异性交流，在这种百无聊赖中对什么都失去兴趣，更别说要独立于世。一旦失去男人，她们的精神便如坍塌的雪山一样崩溃。同为女人，克洛岱尔死于“生的惶惑”，活着时比烟花还寂寞。而香奈儿在喧哗中神采飞扬，即使面对争议和孤独也是那么大义凛然，无所畏惧。

这其中的原因是复杂的，但有一点，克洛岱尔成为了世俗规则的牺牲品，她不以自身的幸福感受为生活标准，太在意别人的目光。“走自己的路，让别人去说吧！”很多人说得潇洒，但是根本做不到。女人要像时装女王香奈儿那样活得富有个性，并做到精神与经济完全独立是非常不容易的，但并非不可为之，只要女人坚信自己的最大幸福就在于知道自己想要什么样的生活并且有能力去获得，便可以做到完全的独立。

为了真正自由的人生，必须摒弃一些传统的标准，身为女人，在任何情况下都不应该把决定自我感觉的权力轻易地交给男人，但还是有很多女人因为被男人抛弃而感到自我价值的丧失。这些女人总是觉得自己被生活的力量所左右，她们自我感觉是生活的受害者，男人闯入了她们的生活，让她们产生了一种从未有过的感觉，而当他们离开时，则带走了她们的一切。

导致女人失去独立的生活态度的另一个重要原因，就是女人习惯于让男人来决定自身的价值，渐渐地，女人丧失了对自己内在力量的感觉，尤其当她们无力留住男人的爱时，她们会把暂时的丧失力量感与更为长久的无力感混在一起。因此，造成许多女性人生悲剧的原因常常是她们没有独立的生活态度。女人一定要把希望寄托在自己身上，不要逃亡到虚无缥缈的爱情之中。

有点姿色的女人往往仰仗易逝的红颜，而不注重内在的自我修养。事实上却正是内在自我的修养为女人赢得了自由。这种自由远非表面意义上的经济独立，而是精神与情感的自立。连这个世界上最强大的女人们都曾经天真地信仰过爱她们的男人，但是庆幸的是，她们能较早领悟到这种信仰的荒谬。

对越来越多的都市女性白领而言，经济独立已经不是问题，更重要的是精神独立。当深夜一个人生活在舒适的单身公寓时，寂寞像潮水一样涌来，“高处不胜寒”的清寂不是哪个女人都能忍受的。但是有些女人知道如何去与这种处境对抗，她们知道自己是一个有意识的人，是一个主体。一个人几乎不可能愚弄自己所投下的目光，不可能随心所欲地把自己的眼睛变成湛蓝的水池；一个人也不可能真正有效地终止逼向世界的身体的强烈冲动，把它变成一尊被隐隐的战栗赋予生命力的雕像。当然，这样的女人也会担心失败，但她们敢于更热情地去尝试一切；她们有意识的热情是一种主动性，结果往往会达到她们想达到的目标。

你应该像香奈儿那样界定一下自己的人生，体现出价值。事实上，一个女人若没有自己的色彩，别的关系存在还有什么价值吗？寻找迷失已久的精神自我吧，获取生命的自由的唯一手段只能是自己塑造自己、扶持自己。有些时候，没有人可以在实质的问题上帮你，关键是要精神自立。

做个“物质女人”

一个女人一生完整的幸福应该是：一份自己的事业，一个美好的家庭，一个能够完成自己梦想的子女。如果你把婚姻的幸福扩大到了百分之百，那么这份幸福也是有缺憾的。女人需要适度张扬自己的野心，如果一个女人靠男人才能得到幸福，那才是女人的悲哀。

电视剧《家的N次方》中，有一个叫赵雯的女孩，她追求物质，渴望财富。她说过这样一句话：“这个世界本来就没什么公平可言，每个人从一出生，财富、地位、国籍、性别、智商就有了很大的差距，既然连统一的起跑线都没有，那比赛规则就可以因人而定。利用别人也好，不择手段也好，那就是我的比赛规则。我需要这些，我也只能这样才能赶得上一出生就跑在前头的人。”也许你会觉得赵雯是一个特恶俗的人，但是否真正了解她的生活和她真正的内心，在利益和情感之间，她知道自己的目标，深切了解自己想要什么。

伟大的目标往往会造就出色的女人。失去雄心的女人就像鸟儿失去了翅膀，很容易陷入生活的牢笼中。那些胸怀大志的女人总是向着更高的目标展翅高飞，只要有可能，她们就会乘势而起，不断地向那些常人看来不可能实现的目标挑战。因为她们知道，委曲求全不但不能使自己获得安全感，而且还会失去更多。相反，在雄心支配下打造的生活才会更幸福、更牢靠。

怀有野心的女人可能不招人待见，但却是一种生活态度。富有野心的赵雯努力勇敢地追求自己的生活，正是这种态度的体现。她做事的态度就是："将世事规律看透后的脚踏实地，是扔掉一切道德外衣后的真实，这会刺痛看惯伪善的世人，但这正是我存在的价值，所以我存在，所以我成功！"

女人是天真的动物。大多数女人并没有意识到周围环境的险恶，无论什么事情，她们都一味谦让，她们不惜任何代价去埋葬自己的雄心，让自己看起来像只温顺的绵羊，以为这样就可以免受伤害。可历史的经验一再告诉我们，软弱妥协的女人必将耗尽一生去打一场注定要输的战役。因为失去雄心的女人注定一生不安，而胸怀大志的女人总能掌控局势，因为她们能在所有的抗争中取得胜利并保全自己。

从现在开始，做一个"物质女人"吧，这没什么错！

女人不可彻底失去野心

今天，有不少女孩开始公开宣称自己是一个"物质女孩"，她们很少依赖别人，希望一切都能掌握在自己的手中。她们会把自己打扮得很精致，并深信，一个女人只有爱好自己，才能有别人爱。与之相反，还有一些女人过早地埋葬自己的野心，以为这样就能获得安全感，认为委曲求全可以消除一切反对力量，起码可以自保，但这种做法往往是最没有安全保障的，难逃失败的宿命。

人们常说，男人有野心是件好事，或者应该说，有太多的女人在选择伴侣的时候都会考虑对方是不是有野心。那么话说回来，如果女人有野心呢？男人在选择伴侣的时候会考虑对方的野心吗？还是说像中国古老的传统一样，他们更偏向于女人的温文尔雅，女子无才便是德呢？社会上，人们口中的女强人日趋增长，很多人开玩笑地说，现在是女人当道的时代，生活中妇女节的崇尚，妇联的扩大，甚至女性伟大的观念主义已经是层出不穷。是不是我们又开始朝着原始的母系社会回归呢？社会上有好多人讲，女人不应该有野心，女人就应该在家洗衣做饭带孩子，做个贤妻良母。甚至有人说，女人不应该胜过男人，女人就应该在男人之下，做男人的后盾……网上类似的评论中，我们还看到有人说，女人有野心不可爱。难道女人有野心就不可爱了吗？女人不该有野心吗？

不得不承认，生活是残酷的，一个女人如果想要做成和很多男人一样成功的事情，她面对的阻碍可能要比做同样一件事情的男人所需要付出的代价大得多。一个女人想在这个社会出人头地真的很难，通常她们的选择也很有局限，如果单凭个人的努力与执著获得机会，绝对比男性上升的空间要小得多。正如美国电视新闻第一夫人芭芭拉所说的那样："我很喜欢我的工作，我像疯子一样工作。" 试问这个世界又有多少女人会像芭芭拉一样，像疯子一样去工作，而且还要顾及家庭？

无独有偶，美国脱口秀女皇奥普拉，更值得我们敬重，这位身材圆润，长相一般的黑人女性，用她的亲和力以及传教士般的执著精神，不仅迷倒了不少美国观众，更让全世界的人民欣赏到了什么叫愉悦，什么叫放松，什么叫黑人女性的魅力。经她之口说出去的话，推销出去的书，居然可以主宰骄傲的美国人的选择决策与意志。如她那句名言所说：“我希望你敞开心扉，用一种不同的方式来观察世界。你得到的就是你所给予的。我保证这会改变你的生活，并使之更好。”

“世界上没有丑女人，只有不关心自己与不相信自己魅力的女人。”雅诗·兰黛用她的智慧与专业技巧性的营销风格成为又一个世界女性化妆品牌的缔造者，成为又一个商界的奇迹，而今她名下的化妆品品牌及香水系列，影响着更多更广的国际大都会人士的品位。

还有一位同样风采夺目的美丽女政治家，乌克兰前总理季莫申科，尽管目前身陷囹圄，但从前她是一个雄心勃勃的野心家，从商人做到一个国家的政要，除了她那精美绝伦的脸蛋，还有和她的脸蛋相提并论的才干。她的名言是：“成为《花花公子》杂志的封面女郎是所有女人的梦想，但我更想被载入《时代》杂志，这才是我的风格。”

女人需要适度张扬自己的野心，做世界上最“可爱”的人，这样你的生活才会愈加多彩而非动荡。失去野心的女人就如同失去翅膀的鸟儿，等于主动将自己囚禁在笼子里。这是女人常犯的错误，以为去除野心，得到丈夫的宠爱，当个好主妇，就会拥有美满的家庭。工作中也是如此，认为即使业绩平平也不会被炒鱿鱼，其实这会被老板认为没有进取心，公司一有风吹草动，先受影响的必是这类角色。女人可以收敛野心，让别人察觉不到，但不能彻底失去它，鸟儿失去了翅膀，不能飞翔，就有可能被天敌大啖其肉。

每个女人心中都应有一个大梦想

曾经有人对数十名女性作过这样一个测试，问：“你想对十年前的自己说句什么？”在众多的选项中就有一个包含着所有女人内心都想说的一句话："我希望我可以更'坏'一点。"其实，每个女人都希望自己可以更'坏'一点，不要那么乖巧，不要整天就是一个完完整整的好妻子，整天就只是埋于家务，伺候孩子，照顾老公。假如可以让她们选择，她们宁愿去做自己想做的事情。

不过，大多数的女人都没能做到这一点，她们压抑自己的欲望，忘记了自己的梦想，至于野心，更是陌生。但是有一个女人实现了大梦想，她就是茱莉亚·吉拉德——澳大利亚首位女总理。

茱莉亚·吉拉德现年51岁，她出生在英国威尔士小镇巴里的一个普通工人阶级家庭。在她3岁的时候，患上了严重的支气管炎，家人曾一度绝望，以为这位一头红发、相貌可人的女孩即将死去。茱莉亚·吉拉德在医院的氧气罩里生活了几个星期，最终活了下来。这让她的父母意识到，他们一家人必须离开威尔士这个潮湿阴冷的地方，选择一个更为温暖的地方居住。不久之后，吉拉德一家举家迁往澳大利亚。

搬到澳大利亚阿德莱德市后，吉拉德的父母各自找到了工作。这是一个低收入的家庭，她的父亲约翰在一家医院担任护士，她的母亲莫伊拉则在一家妇女收容站担任厨师。就这样，茱莉亚·吉拉德在澳大利亚一天天长大。在当时，澳大利亚的学校仍然沿袭英国的教育传统，男生女生被区别对待。一般来讲，女孩们都要去学家政，就是那些针织、烧菜和洗衣服类的事情。而男孩们就会去学木工、铁匠和电子工程等。可茱莉亚·吉拉德并不甘心如此生活一辈子，在高中时期，这位远道而来的红头发女孩便开始崭露头角。她成绩优异，从不害怕权威，勇于挑战。以"全A"的身份毕业后，吉拉德进入阿德莱德大学学习。她选择了学习法律和艺术，并迅速成为校园的风云人物。在大学就读期间，吉拉德一家曾回到威尔士看望亲人。她的邻居巴泽尔·贝克仍然记得这位邻家女孩给他的印象："有一天，我问她，她是否会结婚生子，她想都没想，很快就告诉我，'不，我可不想这么做。我想要有一份属于自己的事业，我要一直爬到顶端。我可没时间结婚和生孩子。'"

茱莉亚·吉拉德至今未婚，也没有孩子，在成为澳大利亚总理后，她将自己的成功归功于自己的父母。吉拉德表示："虽然我出身于再普通不过的工人阶级家庭，但我的父母从来都不认为，我就应该先去上学，然后结婚，生孩子。这样的幸福虽然对我们来说也很重要，但我的爸爸和妈妈总是认为，有份事业才是最至关重要的。所以，他们总是逼我去考虑那些最大的梦想，而不是那些最微小的梦想。"

初入政坛时，吉拉德像个"跌跌撞撞的外来者"。她浓重的鼻音常常遭人们嘲笑，她糟糕的发式、不合时宜的着装也被人们恶搞，批评者称她没有"融入本土生活"，但吉拉德成功地跨过了所有障碍。她勇敢地用自己浓重的鼻音对抗一切批评，也不忘用幽默回应人们对她"未婚和没有孩子"的质疑。在斗争中，她为自己赢得了"专业和能干"的美名。

成为澳大利亚总理，并不是茱莉亚·吉拉德的最终目标。这位未婚的女总理还有更大的梦想，她立志要将澳大利亚改变成为一个共和政体的国家，彻底脱离英联邦。她说道："伊丽莎白女王应该是澳大利亚的最后一位君主。作为一个总理，我愿意看到的是，不断努力，直到跟多方达成协议，建立共和政体国家的发展模式。我想君主更替之时便是澳大利亚成为共和国的恰当时机。”茱莉亚·吉拉德到底会对澳大利亚的未来产生多少影响，也许并不重要，因为她的经历已经告诉我们：所有的女人都应该有一个大梦想，然后为之全力以赴。

把野心坚持到底

世界上有两种女人，一种是没野心的，什么都不求也没目标，可能会碰到一个条件绝佳又爱自己的，也可能一生平庸度过；还有一种女人，知道自己要什么，然后尽全力争取，或者是爱，或者是目标，她必须放弃其中一个，只争取一个，有可能争取到。在争取的动机下，二者都得到这是绝对没可能的。

弗朗索瓦丝·奥比涅是陪伴“太阳王”路易十四生命后半程的女人，她生命的前半程几乎是在压抑中度过。曼特农夫人征服了路易十四，其实没有任何征服能比这更困难。曼特农夫人韶华已逝，她只是以蒙特斯潘夫人孩子们的女教师的身份才得以接近国王。蒙特斯潘夫人美丽迷人，很得国王恩宠。然而，曼特农夫人这个地位卑贱而思想成熟的女人不但从她强有力的情敌手中抢到了路易十四，而且最终使国王娶她为妻。这一点，蒙特斯潘夫人想都没敢想过。

弗朗索瓦丝·奥比涅是法国波旁王朝国王路易十四的最后一位夫人，她陪伴了“太阳王”40年。弗朗索瓦丝是一个很冷静、能审时度势、控制自己的女人，她最懂得生活的路要一点点攀爬。弗朗索瓦丝·奥比涅的生平与德育家的宗旨完全背道而驰。她出生在牢房里——不是由于她自己的过失。在宫中度过了30年——不是由于她自己的美德，父亲的罪恶变成了女儿的魅力。

弗朗索瓦丝的幼年是在米尔赛别墅里度过的，在大厅里那个给人印象深刻的楼梯的一块踏板上，她认会了几个字——“上去不易”。她的目光随着阶梯移到顶端，她的双腿也把她一步一步带到楼上。她永远记得向上的路要一点点攀爬。

当弗朗索瓦丝长成一个风姿绰约的美人后，巴黎社会名流保尔·斯卡龙爱上了弗朗索瓦丝。他答应给她不朽的声望。整整6年，弗朗索瓦丝耐心地呵护着丈夫，和他一起痛苦，共享荣华。保尔·斯卡龙成了巴黎的偶像。看他演出的观众是如此显要的大人物，以至于人们拥到剧场门口，甚至被挤死。在最放荡任性的谈笑之间，客人们正笑得颤抖，他会突然感到阵痛，尖叫起来：“我是人类一切痛苦的典型！”

然而他却不顾后果地耗费着不济的精力，也挥霍掉巨大的财富。金钱像沙子一般从指缝里漏了出去。他和妻子下榻的旅馆被人称为“荒谬旅社”。在这桩荒谬的交易中，弗朗索瓦丝也完成了她所承担的角色。6年来，在午夜的寂寞时刻才无须戴上欢乐的面具，这时她喂他鸦片，陪坐在他身边。“你带到我身边的是一对大眼睛，一副动人的身材，一双纤巧的手和一笔不小的收入。我带给你的是拉丁文、意大利文、西班牙文、贵族教养和社会地位。我认为为你提供的背景对你以后的发展将会有裨益的，其价值抵得上王国所有的钱财。”

保尔·斯卡龙最后被葬在贫民墓里，他留下了一大堆债务和一个美丽的妻子，他为她安排的是一种光彩的结局。几年之后，她又将去安抚一个国王的孤寂的心。

弗朗索瓦丝·奥比涅生活在冒险的时代，她本人却并非冒险家。一个面孔长得像维纳斯那样美丽的女人竟然有一副铁石心肠，岂不令人发狂？她理解这个世界，因而她小心翼翼。不过，在路易十四的宫廷里，她倒结识了一些有趣的朋友。她被邀出席过富豪家的宴会，结识了全法国最迷人的女人——国王的情妇蒙特斯潘夫人。她与夫人成为知己并承担起抚养国王与夫人私生子的责任。1675 年，她接受了路易十四馈赠的庄园与曼特农女侯爵的称号。

有一天，国王偶然来到郊区家庭教师的住宅，他静静地站在育儿室的门口，看到一幅显示忠诚的生动画面。弗朗索瓦丝·奥比涅夫人坐在自己儿子的床边，当时国王的儿子正在发高烧，她一只手摸着他的头，另一只手在摇着女儿南黛小姐的摇篮，她的膝盖上躺着另一个儿子德维克辛伯爵。

不久，国王对这位家庭女教师就不只是感激之情了，他已经彻底"倾倒在夫人的魅力之下"。1648 年 1 月 12 日，在凡尔赛教堂里，"太阳王"与曼特农夫人秘密地结为伉俪，弗朗索瓦丝·奥比涅正式成为波旁家族的成员。

一个玩世不恭的法国人说过："没有哪一个厨娘不以为自己能够胜任政治家的工作。"然而曼特农夫人甚至使这个法国人也感到吃惊。50 岁时，她嫁给了 46 岁的皇家酒色之徒，使他 30 年没有变心，而他的王国里最美貌的少女到不了 30 天就会令他厌倦。60 岁时，她感到所有的关节都隐隐作痛，她还能参加化装舞会，骑马打猎。70 岁时，她双目失明，两耳失聪，牙齿脱落。可是在国王的游猎中，她表现得"欢乐而且虔诚"。在凡尔赛宫，当小提琴拉响的时候，她在打盹中喃喃自语："我是一具活着的骷髅。"80 岁，她还陪同国王驱车出游，国王快马加鞭仿佛要赶走他自己76岁的高龄。在这忙碌的一生中，她还写出了法国文学史上一些最机智的警句。

弗朗索瓦丝·奥比涅成功的秘密何在？首先，她像和平使者一样出现在被喜怒无常的情妇搅得心烦意乱的国王面前。有的男人，对他们心爱的女人的任性和嫉妒可以忍受一时；有些人像爱大海的暴风雨一样喜欢爱情中的动荡不安。然而，大部分男子都喜欢平静安稳的生活，温柔的性格、朴实的感情似乎对他们更具有吸引力，特别是当他们吃够了性情暴躁的女人给他们的苦头之后。

其次，曼特农夫人每天晚上都参加国王主持的在她房间里召开的内阁会议。她默默地听别人宣读报告。国王要是向她提问，她总能卓有见识地提出自己的意见，表明她始终聆听着部长们的谈话，而且明白其中的内容，能够作出判断。这是最明智的态度。而这一切都能看出曼特农夫人所走的每一步都计划周密，她将巨大的野心藏在温和、优雅的外表下，她于不露声色中流露出一个成熟女子的万种风情与妩媚。

最高明的一点是她抗拒着众多有权有势男人的疯狂追求，让人感觉她神秘优雅，清心寡欲，这无形中却更增添了她的魅力。她绝对是一个会利用“和平”时刻，把握最佳进攻时机的狮子。终于，一番精心的努力为她赢得了与法国最高贵男人亲密接触的机会。

事情绝对是曲线前进的，为了达至个人人生的辉煌，她不惜耗尽前半生的光阴，这对一个女人来讲，也算是一种近乎疯狂的投资。引她进入宫廷的国王的情妇就是那些绵羊，而曼特农夫人却是名副其实的躺在绵羊旁边的狮子。她恰到好处地运用了静止的力量，在静止的时候，她读书、结交权贵，为生命的全面辉煌打下了坚实的基础。她大有为目标誓不罢休、锲而不舍的努力精神，她从来就没有埋葬过自己的野心，并一步步按计划实现自己的目标。

能坚持这种目标本身就很不容易。如果没有一颗强大的心，早就该放弃了。曼特农夫人特殊的成长经历，造就了她不同于一般女人的心智。为了登上上流社会的台阶，她嫁给了一个高度残废但能给她带来不朽声望的贵族。丈夫死后，她没为任何一个权贵的追求所动，可她依然坚持学习，并扩大自己的人际网，从而成为国王的情妇蒙特斯潘夫人最信任的朋友。她的修养和处世智慧赢得了国王的青睐，也许在权力场和情场上叱咤风云的“太阳王”真的很累了，他现在需要的只是曼特农夫人这样的成熟女性。然而她坚决不做情妇，国王又那么渴望得到她，便只能与她履行正式的婚礼仪式。

想成为一个有狮子般野心的女人，首先必须有理性的头脑，其次必须有敏锐的嗅觉，最后一条就是把野心坚持到底，靠坚强的意志实现它。

从梦想家到野心家

人生就是一场战争，而且是最没有妥协余地的战争，只能主动应战，并使用正确的战术。与那些传统女性相比，那些怀有野心的女人总能恰到好处地掌握自己的“战争”，她发现最和谐的方式就是做一只躺卧在绵羊旁边的狮子，收敛自己的野心，制造出表面宁静祥和的假象，而内心却翻腾喧嚣，待到时机成熟，一跃而上，吃掉身边的绵羊。这只狮子不接受任何外在的援助，只悄无声息地磨砺自己的利爪和牙齿。在这种和平中，她的野心丝毫没有减弱，反而因自己力量的增强和对形势的进一步控制，而增强了野心释放时的威力。

女人不能完全在表面上露出狮子的形态，但高明的女人是将狮子的野心掩饰在绵羊的外表下，并能比男人有足够的耐心长久地生活在羊群中，进一步了解绵羊的秉性，从而有利于自己更好地向羊群进攻。

聪明的女人总是向着较高的目标迈进，勇敢面对人生赋予她们的任何挑战。她们可能与好运无缘，既无财富，也无大权，但她们善于耐心地等待，直到有一天机会降临在她们头上，她们就会光大此天赐良机，以自己独特的策略，挑战常人看来不可能实现的目标。以传统女性的标准来看，那些怀有野心的女人一无所有，但这些女人自己知道如何扭转生存的战局，因为她们的野心从没有被磨灭。

女人是天生的梦想家。只要不丧失梦想，女人就不会失去野心，女人应保持梦想的权利。大多数女人都对自己的人生缺乏较高的期许，与男人相比更渴望稳定和安全，她们更希望以美丽的容颜、温柔的性情得到有成就的男人的青睐，靠取悦男人而获得稳定、舒适的生活。

但在这样一个变幻无常的社会里，没有那么多人是值得女人依赖的，报纸、杂志、电视、网络上无时无刻不在上演感情危机的故事。既然世界的现状是这样的，那么，女人就清醒一点吧，只有做个有雄心的女人，才有可能成为幸福的女人。

这份附着于梦想上的雄心，会在你被爱人抛弃时，支撑你走出狭窄的情感旋涡；会在你成为失业者时，保持自尊而不甘堕落，重整前进的行囊，夺得人生旅途上新的锦标。女人善于真诚地对待自己的雄心，倾其细腻、敏感、灵慧去培植自己的雄心，幸福人生又怎么会远呢？

“雄心”不是可怕的字眼，世人一听说某个女人有雄心壮志，便觉得这个女人很可怕，没有所谓“女性魅力”。其实女人的“雄心”更多的时候是女人的梦想，无论世事如何变化，如果一个女人始终保持一个瑰丽的梦想，这个女人看上去就是精神抖擞、美丽优雅的。像那位陪伴“太阳王”路易十四后半生的曼特农夫人，即使到了80岁仍旧是那么充满激情。那样的人生才是真正充实、幸福的人生！

幸福的能力之四——防御力

脸要媚，心要硬

女人太过软弱，男人不喜欢；太过强势，男人不爱。聪明的女人懂得如何拿捏，善于利用女人所特有的力量——柔弱，这是一种微妙但却蕴涵着威力的技巧。成熟的女人懂得如何利用这一技巧来达成己愿，一个柔弱的女人总是能吸引更多的好强男性，赢得他们的同情心。

上帝在创造人的时候，忽视了女人。直到亚当感到无聊而向上帝诉苦的时候，才有了女人。女人是男人身上的一根肋骨……从此也注定了几千年来女人的附属地位。“女人，你的名字是弱者！”莎翁的这句名言也在一定程度上代表了社会对女人的看法。于是，弱者成了女人的代名词。即使最坚强的女人，本性也有脆弱的一面。

无论女人的这种软弱是在男性社会被调教出来，还是与生俱来的，它都可以成为女人最锋利的武器，只看你如何善加利用。聪明的女人知道如何利用自身的弱者形象来达成己愿。她们在攻击者面前承认自己的弱小，但又恰到好处地把握着尺度，从不一味地妥协退让；她们以脆弱为旗帜，在削弱对手的防御意识的同时不断地积蓄力量，并在适当的时刻给敌人以致命的一击。

现代女性不了解人性，就无法很好地生存。为什么说心硬女人要比所谓淑女生活得幸福？就是这些所谓的心硬女人深谙人世真相，懂得进退之道，能恰到好处地操纵对手和敌人。更重要的是，这些女人完美地驾驭了上帝赐予她们的软弱，并让其成为自己的“护身符”。她们深知，自己身上与生俱来的脆弱感隐藏着一种强大的力量，并懂得如何唤醒它、利用它。她们时常用自己的敏感去觉察环境的危险，用自己的细腻去精心策划防御竞争者的战争，再用自己的坚强去赢取最大的利益，包括盛名、财富和爱情。

御姐未必受用

从生理上来看，女人的身体比男人弱，生理的特点是造成女性在这个世界上的处境的主要因素之一。此外，从历史发展的角度来看，中国几千年的封建礼教，也造就了女人软弱的形象。男尊女卑的观念根深蒂固；“三从四德”的道德准则把妇女踩到社会最底层，使妇女成为男人的附属物、生育工具。男人对女人的认识也一直都停留在表面的肤浅认知：女人，天生便是弱者。人们对于弱者有两种态度：要么同情，赔上几声哀叹和几滴眼泪；要么像尼采一样宣扬超人哲学——弱肉强食，蹂躏摧残。弱者越弱，强者就越强。“多情女子薄情汉”、“红颜薄命”、“美人迟暮”……人们给予女人更多的是怜悯和同情，而不是尊重和珍惜。

今天，情况已经大不同了。越来越多的女人变得独立、坚强与勇敢，她们不再依靠男人，不再承认自己是男人的附属品。绝大多数的女人不愿把自己当做一个弱者，更不希望男人把自己当成弱者来对待。所有人都宣称，如果女人自己不尊重自己，又如何能让男人和社会来尊重女人？如果女人自己不珍惜自己，又如何能让男人和社会来珍惜女人？你弱了，男人就会强；你越弱，男人则会越强。那你永远就会是个弱者！

然而，在生存大战中，有一些女人或是没有发现，或是不愿承认，或是极力掩饰自己作为女性的脆弱特质，运用了男性世界的斗争手段，用“硬碰硬”的方式去人生猎场逐猎。没有利用自己无往不利的武器——脆弱，结果一切努力适得其反，自己也被撞得头破血流。

人人都知道贞德是法国历史上的“圣女”，曾经拯救了法国人民；但很少有人知道她死于一场阴谋，致使解放法兰西的大业没有最后完成。

1429 年 6 月 7 日，法军终于顺利抵达兰斯。而这时，城中的英军早已逃之夭夭。欢天喜地的市民打开城门，用鲜花、歌舞和欢呼迎接贞德的到来。7 月 17 日上午，晴空万里，阳光普照。在兰斯大教堂里，按照法国王室的传统，大主教为查理七世举行了加冕礼，许多朝臣盛装到场，向合法的新国王行臣服礼。贞德随侍国王的身旁。她银色的甲胄外，穿着一件绣满百合花的白绢长袍，显得无比纯洁、淡雅和动人。人们纷纷向这位法兰西的救星致以崇高的敬意，感谢她为祖国作出的不朽贡献。而此时，站在权力与荣誉顶峰的贞德并不知道，在她的周围，一张毁灭她的阴谋之网正在悄悄编织之中。

登基之后的查理七世，这时已感到不再需要依靠贞德了。相反，贞德远扬的威名和赫赫的战绩，时时显示出查理的软弱无能，加上他身边嫉贤妒能的谗臣们的添油加醋，使他日渐疏远了贞德。而贞德因天天与士卒为伍，她身上原有的一层神秘色彩也随着岁月流逝而日益被冲淡，所谓“神明近前，光环消失”，说的就是这种现象。她严厉的治军方针，使那些把当兵打仗视为可以得到乐趣和种种好处的中世纪散漫的法国大兵们无法容忍。许多人开了小差，甚至造反，军心开始动摇，战争局面也因此渐渐转为不利。

这一天终于到来，阴谋之网向贞德当头罩下，而她却一无所知。1430 年 5 月 23 日清晨，英军和勃艮第联军向兰斯城左侧的军事重镇康边发动猛攻。贞德仅率少量军队赶去援救。她跃马挥剑，突入敌阵，但终因寡不敌众，被迫且战且走，退向康边城下。不料，城防司令竟高悬吊桥，以防止敌军趁机入城为借口，拒绝贞德率军进城。贞德只得反身率部浴血死战，将士伤亡殆尽。贞德也被勃艮第军从马上拉下，不幸被俘。

贞德被俘后，查理七世不仅没动一兵一卒来搭救她，相反竟同意将她押解到勃艮第伯爵手下一个贵族的城堡中。最后贞德被卑鄙无耻的勃艮第贵族以 1 万金币的价格卖给了英国人。当她听说自己将被出卖给祖国的敌人时，曾从关押她的城堡塔楼上跳下，以免遭到英国侵略者的凌辱，但她却没有摔死。随后，贞德被押送到鲁昂，关在一个铁笼子里，脖子、手脚都被铁链锁住，还有 5 名英军如临大敌地时刻监视着她的一举一动。

英国人深深知道贞德在法国人民心目中的崇高地位，为了能够顺利杀害贞德而又不使自己落下杀害战俘的名声，并避免法国人的报复行动，他们煞费苦心地选择了极端仇视贞德的鲁昂主教埃尔·科舒翁，许诺只要他以宗教而非政治性的审判来处死贞德，他就可捞到大笔钱财。这位自称“在某种时候，可以不经审讯对罪人处以死刑”的伪善的刽子手，精心选择了一些唯命是从的法官，组织了一场没有辩护律师、没有一个证人出庭作证的所谓宗教法庭审判。他们花了 4 个月时间来企图证实她是一个女巫，一个犯有“与魔鬼进行肮脏交易”的十恶不赦的坏女人。

1431 年 5 月 24 日，贞德以“屡教不改的异端”、“女巫”、“违反教规穿戴男装”等所谓“罪名”被判处火刑。

过于理想化的女人，无论在职场还是在情场，都容易犯圣女贞德的错误，即对某个目标的追求一味地用男性的方式来解决，而不明白女人成功的特殊性，其个人的人生悲剧也就在所难免了。

最近比较流行“御姐”，本意是对姐姐的敬称，这里引申为成熟的强势女性。有时候当御姐未必受用，试想一下，一个风风火火的女人，凡事喜欢大包大揽，喜欢越俎代庖。大到公司里的人际关系的处理、工作的安排，她都要插上一脚；小到家庭生活的琐事，穿什么衣服、配什么鞋袜、戴什么领带、公文包选择什么颜色、纸巾用什么牌子，她都要插手。一个强势女性的力量与霸道让许多男人不敢接近，甚至会感到不舒服。

要记住，女人太过软弱，男人不喜欢；太过强势，男人不爱。聪明的女人懂得如何拿捏强弱，善于利用女人所特有的力量——软弱，这是一种微妙的但却蕴涵着无比威力的摧枯拉朽的力量。

适时地运用你的柔弱

温和柔顺，不是软弱惧怕，胆小猥琐，它既是一种品德，也是一种力量。女人一定不要小看自己的脆弱感，这种感觉往往是你立身处世的最锋利的武器，这是只属于女人的隐蔽的强大权力。女人不能任性横行、称王称霸、倒行逆施，要常怀一种敬畏的情怀。温和柔顺的女人也让男人心和气顺、身心健康。

古代阿拉伯有一个列依王国，当时主政的是王后斯苔，她是一个十分善良、温柔而又有智慧的女人。不过，斯苔王后被后人误解为“坏女人”，但她却拯救了国家；而贞德是法国人民心中的“圣女”，但却对国家的统一事业无能为力。这就是做事方式方法的不同而导致的差异。

列依王国是古代阿拉伯世界的一个小国。人们都把列依王国的王后尊称为“斯苔”。她是个十分善良、纯洁、贤惠的公主，是法赫尔·杜列国王的正宫。当法赫尔·杜列驾崩以后，其子继位，号为玛智德·杜列。由于玛智德年纪尚幼，只好由母后代政，这样过了三十几年。后来玛智德虽然长大成人，但却是忤逆不肖，不能称职，不过徒有其名。实际上他深居内宫，整日只知同后妃们淫逸荒嬉，而仍由他的母后执掌大权，周旋于列依、伊斯法罕和卡赫斯坦之间。

在这种情况下，一个强国的苏丹玛赫穆德，派了一个使者到列依，向斯苔转达他的话：“你必须对我山呼万岁，在钱币上印铸我的肖像，对我称臣纳贡。否则，我将率军把你消灭。”使者还递交了一封重要的信件——战争的最后通牒。

列依王国的百姓得到这个消息，群情激愤，誓死与敌人血战到底的气氛笼罩着这个弱小的国家，但执政者列依王后却宣布与敌人讲和。一时间，权臣和百姓对王后的批评之语纷纷而起，都骂她是“不抵抗王后”，甚至还诽谤她是“靠出卖身体换回权力的荡妇”，大家都怀疑她与强大的苏丹有暧昧关系；但是这个明智而坚强的王后宁愿做“坏女人”，亲自赴苏丹的鸿门宴，为王国争取和平的机会。苏丹确实早就倾慕王后的美貌与风仪，而且宴会的地点还选在了国王的寝宫，不准王后带一个随从。这也难怪臣民不理解王后的行为，苏丹的目的显而易见，如果能得到列依王后，便也控制了列依王国。

可事实的真相到底怎么样呢？王后被猜测成对苏丹献媚取宠的谈话，其实内容简单而深刻。在华丽的苏丹床榻边，盛装高贵的王后用温和、不卑不亢的语气对苏丹说：“尊敬的玛赫穆德苏丹，假如我的丈夫法赫尔还活着的话，您会产生进犯列依的念头吗？现在他谢世归天，由我代行执政，我心中思忖：玛赫穆德陛下十分英明睿智，绝不会用倾国之力去征讨一个寡妇的；但是假如您要来的话，至尊的真主在上，我决不会临阵逃脱，而将挺胸迎战。结果必是一胜一败，绝无调和余地。假若我把您打败，我将向世界宣告：我打败了曾制伏过成百个王国的苏丹。而若您取得了胜利，却能算得了什么呢？人们会说：‘不过击败了一个女人而已。’不会有人为您写颂词、吟赞诗的。因为击败一个女人，实在不足挂齿。”

强横的苏丹听到这些话感到很震撼，看到她那恬静无畏的表情，苏丹彻底放下了手中的屠刀。在她执政期间，玛赫穆德苏丹一直未敢对列依王国兴师动武。

斯苔王后比贞德的高明之处就在于她很好地考虑了自己的性别角色，向同样强大的敌人展示了自己的脆弱，这等于向对手宣告：“好男不和女斗，如果你还算一个有点儿胸襟的男人，就应该放弃对一个弱女子的攻击。”这样反而令对手惶恐，也就不好意思再争斗下去了。

聪明的女人懂得如何利用脆弱，实际上这是一种“绵里藏针”的技巧。向人展示脆弱可以，但是不能丧失原则，更要为实现自己的利益服务。女人一定要清醒地认识到这是一个追逐利益的世界，不计较结果的女人是愚蠢的。女人的直觉往往比男人的要好，男人往往少有这种良好的直觉，他们更易根据想当然的印象判断事物的性质。而女人的直觉更迅速、更敏锐，其同情心也更强烈，其态度易于随着特定目标的改变而改变。因此，其态度也更适应特定的目标。而且，她们的这种圆滑在驾驭他人方面也有所体现，英国教皇曾对威廉三世的皇后玛丽的圆滑和良好的感觉倍加赞赏。教皇说她极为谨慎，并且深谋远虑（这抵得上一切），一点也不死板。

此外，女人还要注意，利用脆弱这种武器时，要把握好尺度。利用脆弱不是一味地妥协退让，一味妥协退让只会让女人丧失尊严——要以脆弱为旗帜，降低人们的防御心理，同时又不断积蓄力量，在适当的时刻，给敌人以致命的一击。

勇敢地展示你的柔弱

有些女人的生活圈子是家庭，另外一些女人的生活圈子是江湖。可人生无处不江湖。一个女人想要独立于世，必须得学会“四两拨千斤”之法，勇敢地承认自己的脆弱，并敢于向人展示你的脆弱。但这绝不是为了博取人们的同情，而是一种策略，让对手放松警惕，再施以巧妙周密的计划去达成自己的目标。

女人最大的骄傲，就是有一种直插男人心窝的力量，一些看似无解的难题，却可以被她们轻松搞定。她们知道即使这世界上最强大的女人，最成功的女人，总是能恰到好处地运用自身最丰富、最本能的武器——脆弱。

作为女人，你不可能凡事都用男人的方式来行事，你有自己的优势和长处，利用女人天性的弱点（实际是一种强大的武器）来达成己愿，有何不妥呢？我们都知道，当人被困在一个攻击者或对手比你强大的搏斗当中，最简单的做法是将对方击退，比较困难的做法则是停止挣扎，其困难之处在于：作战或逃逸乃是大多数人面对攻击时的自然反应。然而，假使你在攻击者抓住你的肩膀时停止挣扎，很可能他会不由自主地将情势直接交由你主导。停止挣扎，并不表示停止作战，而意味着以更加巧妙的抵挡方式作战。女人的软弱、自怜，虽然有一定的危险，但只要这位女性还比较清醒，不太笨，她有这些“弱”点就不是坏事，起码不会让人觉得像女强人一样令人望而生畏。

“小鸟依人”、“弱不禁风”、“楚楚可怜”这些都是较低级的运用，一定要超越本能，让人觉得你脆弱而高贵，坚强并从容不迫。就像那位斯苔皇后，在那么强大的压力面前，仍保持着清醒的理性去运用自己是女人这一独特性别优势去化解一场战争，而又决不利用女人的色相。苏丹可能因为她是女人而恫吓她，而又因为她是女人而召见她。本来想将美人江山收入旗下的苏丹却万万没想到这个小国的王后会有这样高超的智慧。王后说自己是弱者，而好面子的苏丹作为一个强大的男人又怎么好和她争夺土地？就这样，斯苔王后漂亮地赢得了这场战争。

脆弱使女人看上去像巫术高超的女巫，这是女人的本能，没有什么比一个女人的脆弱无助更能打动人。

不抢救孤独的婚姻

明智的女人从来不会去抢救婚姻，她们的经历告诉那些为情所困的女人，不是每个人都适合与你白头到老。有的人，是来帮你成长的；有的人，是来一起生活的；有的人，是用来一辈子怀念的。与其陷入一个只会给自己带来伤害的泥潭中，不如将自由完全操控在自己的手中，主动去创造自由、丰富的生活。

有人说“坏”是做女人的最高境界。“坏女人”一定是骄傲而不狂妄，妩媚而不流俗，奔放而不轻佻，热情而不放纵。实际上，女人之“坏”更多地是一种生物保护色，在她们内心深处，仍然期盼纯洁的爱情，希望有白马王子从天而降，渴望家庭的温暖。但有一点要记住，这样的女人不是眼神呆滞、反应迟钝的蠢女人，不是处处搅局、一粒老鼠屎坏了一锅汤的笨女人。尤其当婚姻发生变化时，她们绝不会去抢救不值得抢救的婚姻。

她们知道，世上最悲哀也是最愚笨的事情，就是向一个已经收回了感情的人去“索要感情”。她们相信自己的感情世界生来就应该是丰富多彩的，而不是孤独的、灰暗的。她们从容放弃的勇气告诉那些为情所困的女人，面对无法挽救的婚姻有时候并不是害怕失去，而是不懂得放弃，不明白“大舍”才能有“大得”的道理，而执著于已经死亡的过去，包括不如意的爱情。如果不能在成熟的时机摧毁生命中苟延残喘的事物，最后只能变成一个彻头彻尾的爱情殉道者。

一个“坏女人”最值得学习的地方不仅是她们的高智商、承受寂寞和苦难的能力，还有她们敢于将自由完全操控于自己手里，去为自己赢得一个更自由、更多彩的世界的勇气。

过于迷恋婚姻是一种冒险

夫妻关系是男女间最亲密的一种关系，它是由一纸契约来维系的。用一纸结婚证书对婚姻进行全程的约束，或许是人类婚姻的真正作用。因为这种婚姻关系的缔结和约束，所以要求当事人对婚姻和感情从一而终；但不幸的是感情丰富的人，在演绎婚姻的最终结局时往往经不起种种诱惑，而要对婚姻进行新的整合，在这种情况下婚姻的解体是自然的事情。更何况男人们在有了比女人更多的金钱和比女人更高的地位之后，为更年轻和富于潜质的、并能激发起男人激情的女孩所诱惑，她们会让男人们喜新的心理再度获得膨胀与满足。

爱情是伟大的，有时却脆弱得经不起任何风霜雨雪的考验。为爱应当有牺牲精神，但不能牺牲自信的根本；为爱应当懂得付出，但不要失去自我；为爱应当有包容心，但不能包容轻视和伤害。然而还是有一些女人把获得幸福的希望寄托在自己的配偶身上，无论双方的感情怎样残破不堪，她都天真地希望能让配偶回心转意，当她们面临婚姻危机时，经常妥协，缺乏破釜沉舟的勇气，往往也注定了被伤害的命运。

媒体大王鲁伯特·默多克的妻子安娜1944年出生于英国的格拉斯哥，母亲是一位英格兰的干洗商，父亲是一位来英国淘金的爱沙尼亚商业海员。1953年，为寻找更好的生活，安娜一家移居澳大利亚。但这可能是个错误，他们开创的一个野餐公园很快便破了产，导致安娜的母亲离开了家庭，身为长女的安娜便担当起母亲的责任，照顾3个弟弟妹妹，这段经历培养了她的责任感。从一所修女学校毕业后，她想成为一名记者或演员。她先是在默多克拥有的《每日镜报》的财务部门谋到一份职员的工作，不久后，便以记者的身份采访了她的老板默多克。两人几乎一见钟情。安娜立即被默多克的男性魅力所吸引，已婚并已育有一子的默多克也对18岁的安娜产生了深深的好感。他回忆说："我认为她是个非常美丽的姑娘。"

1967年，默多克离开他的发妻，与安娜结婚。婚后，他携安娜前往英国。由于默多克的报纸多靠桃色新闻和挖人隐私获取暴利，使他很快便在英国声名狼藉，人们称他为"肮脏的淘金者"。直到今天，在英国，这个词几乎已成为默多克的代名词。

尽管安娜始终支持默多克，但处在被人喊打中的日子并不好过。安娜不但孤独，而且来自各方面的干扰也令她心惊胆战。作为暴发户，他们也成为绑架者袭击的目标。有一天，一伙绑架者看到一个女人开着一辆劳斯莱斯，他们认定车中的人是安娜，便绑架了她，并向默多克索要100万英镑。当他们发现车中的女人不是安娜而是新闻集团经理的妻子时，这伙人把他们的失误全部发泄在安娜的替罪羊身上，他们不仅杀害了她，还将她的尸体喂了农场的猪。

1973年，默多克的传媒帝国扩展到美国，他接连买下得克萨斯州的3家报纸，并在以后的25年中买下更多的报纸、杂志、电台和出版社。像所有富人一样，他们在不同的国家购置了许多豪宅，并拥有一艘价值1.25亿美元的游艇，然而也正是从这个时候起，他们的关系开始变得疏远。默多克很少回家，无所事事的安娜决定重返校园充实自己。她进入纽约大学学习英文，在获得学位后，她开始尝试写作。她陆续出了3本书，其中2本成为畅销书，不过这无疑是沾了默多克的光，因为书中很多以默多克的经历为原型。

华裔女子邓文迪的出现，使沉醉在自己美满婚姻中的安娜如梦初醒。她说："我原以为，我们拥有美好和快乐的婚姻，但显然不是那么回事。"事后，安娜抨击默多克显得"非常差劲"。最终，默多克的"顽固、无情和不顾她的感受而一意孤行"的态度使安娜放弃了挽回他们婚姻的幻想。

1998年1月，邓文迪开始以翻译的身份公开陪伴在默多克左右。4月，默多克和安娜通过媒体对外宣布，决定结束他们31年的婚姻，至此，这对一直被人们视为拥有美满婚姻的夫妇的神话破灭了。8月，安娜提出离婚请求，但据她后来透露，最终却是默多克成为离婚的原告。在10月的董事会上，安娜突然接到丈夫下达的逐客令，默多克在他的年度报告中向董事们宣布，安娜将和他一道离开董事会。对外界默多克显得很有风度，实际上他只是不得不在熟知内情的董事们面前给安娜一个公正的评价。他说：“我必须承认，在这个风云变幻的行业中，安娜给了我极大的帮助，她对新闻集团的贡献有目共睹。”但在私下里，他却不加掩饰地表达对安娜的冷酷，安娜说，默多克甚至不肯给她任何选择的余地，只是无情地命令她必须离开。

这对于安娜来说无疑是沉重的致命打击，她的告别演说充满绝望：“这不仅是我婚姻的结束，也是我生活的结束……离开它我感到非常难过。”一些董事眼里闪着泪花，目送这位自 18 岁起便为新闻集团尽力的女人在她大儿子的陪伴下黯然离去。

默多克夫妇离婚后仅 17 天，默多克便迫不及待地与邓文迪在他的游艇上举行了秘密婚礼。

多年来，安娜对默多克和邓文迪的关系以及她和默多克之间的纠纷始终保持沉默。她极尽克制的一个原因是，安娜对他们的婚姻仍抱有幻想：“我一直等待事情能恢复正常，但他没有利用这个机会。”的确，默多克并没有像安娜预料的那样最终回心转意，他对安娜试图挽救婚姻的种种努力不屑一顾。正如安娜自己所说的那样：“我一直在努力挽救我的婚姻，但无论我做什么，他都不感兴趣。”尽管知道默多克对自己已情断义绝，但安娜承认自己对前夫仍留有一份爱意。直到最后她不得不收拾残局，同时也给自己造成了巨大的伤害。

夫妇二人没有先天的血缘亲情，全属后天的“两情相悦”，所以你不能希望婚姻关系的任何一方保证当初的山盟海誓永远不会改变。这也就是说，当双方中任何一方“变了”，那就是“变了”。责备、恳求、限制……最多都只能收效一时和表面缓和，而很难彻底改变。

常见一些已经离心离德的夫妻在彼此争吵的时候，会高声责问对方当初如何如何，现在怎么翻脸无情……用这话来发泄一时的怒气则可，对于事实，并无补益。而且在面红耳赤大吵特吵之后，伤感情的心底话一经出口，再想收回，万分困难，只能增加双方的厌恶感，却不能因为这一争吵就唤醒了对方的“良心”。

大多数的女人都想在婚姻生活里寻找幸福和照顾，女人为了婚姻扮演着多个角色。婚姻生活给男人的实惠太多了，而女人不但失去了从前拥有的一切，连一点点内心残留的浪漫也都被消耗殆尽了。有些女人好像婚姻里的一具活僵尸，可以为一个不爱自己的男人付出一切，期望男人能够回心转意，然而结果却总是令人叹息。实际上这样的女人已经不知不觉地陷入了一个人的婚姻里，这样的婚姻对于她来说就是孤独的婚姻。

多数女人的情绪受制于人常常是连她自己也没有意识到，当爱情得不到回报时，女人们可能会经历比死亡更为惨烈的痛楚，因为它是对自尊心的伤害和对自信心的痛苦一击。当女人所爱的人让她们失望，她们在一定程度上丧失了自信心，这是相当正常的，但是倘若长期不能自拔却是一种危险。

每个女人都应该是自由女神

一个自主的女人认为，自己的感情世界应该是多姿多彩的，男人只是她们生命里的一朵昙花，她们也不拒绝这种诱惑，只有这样才能尽情享受作为女人的完整一生。她们打碎了婚姻这座虚幻的幸福城堡，清醒地认识到自由的本质，并能出奇制胜，在紧要关头敢于冒险，创造真正属于自己的幸福生活。卓越的女性不会全然地被建立灿烂新生活的计划所诱惑。她们知道创立新生活来自干净利落的结束。

聪明的女人绝不会让自己受困于不幸福的婚姻，她们懂得了一点，就是女人不再是婚姻的牺牲品。她们不会让不幸的婚姻埋葬自己，更不想让自己成为这座坟墓里的活死尸。她们知道如何对苟延残喘的事情说不，知道何时应该割舍，离开一个不尊重自己感情的人。有时这样的行为会导致家庭的破裂或家庭危机，这些在常人看来好像是一种破坏，但它并不是坏的破坏，而是好的破坏，就像一场大火摧毁贫瘠的林地，为崭新的成长而作准备。这些懂得如何让自己保持独立的女人在面对一份让自己感到孤独的婚姻时，往往会作出最明确的、最干净利落的了断，因为她们已经彻底地理解形势，所以也就没有再对“离开”犹豫不决的必要了。

马德琳·柯贝尔·奥尔布赖特是美国有史以来第一位女国务卿，她身材矮小，体型微胖，且喜欢身着红裙，这些连同其令人敬畏的政治声望，都使她在那个历来都由男性主导的国际政治舞台上显得格外引人注目。作为一名女性，奥尔布赖特曾经满怀柔情地演绎了一个犹如灰姑娘般的故事。

在未成为美国国务卿之前，奥尔布赖特曾有一个梦想，那就是做一位美国最完美无缺的妻子和母亲。1959 年，奥尔布赖特结束了在威尔斯利女子学院的读书生活，同一年，她在美国最著名的报纸之一的《纽约时报》上刊登了订婚的广告。并且报纸上附带刊登了一张奥尔布赖特的照片：入时的齐耳短发，宽宽的颧骨，甜甜的笑容。当时这篇文章还特别提到奥尔布赖特的父亲：“一名前捷克斯洛伐克外交官、联合国克什米尔委员会的主席。”在求学的同时，大概在威尔斯利女子学院读二年级时，奥尔布赖特到《丹佛邮报》实习，这期间她遇到了自己爱慕的男友，一位衣冠楚楚、满头黑发的年轻人，一位家族报业帝国的继承人。两人结婚后，奥尔布赖特共生育了3个女儿，并且在家中照看孩子。她在家中照看3个孩子的同时，还刻苦攻读哥伦比亚大学的国际关系博士学位。为此，她付出的努力是艰巨的：每天清晨4点半她就得起床读书。

1959年，奥尔布赖特毕业仅3天后，就与约瑟夫结婚了。当时的奥尔布赖特感觉自己就像童话中的灰姑娘。“他就像一位王子，突然降临到我身边，”她在回忆录中曾写道，“我试了试那双水晶鞋，正合我的脚……在童话中，这就是幸福的结尾了，而在现实生活中，这只不过是新篇章的开始。”

婚后，奥尔布赖特第一次怀孕并且生下了一对早产的女婴——艾丽斯和安妮，不过，她们两个都顽强地活了下来。但在她第二次生产过程中，婴儿不幸夭折了。第三次怀孕，奥尔布赖特终于产下一个健康的女婴，起名叫“凯瑟琳”。随着女儿们慢慢长大，奥尔布赖特也开始涉足政界，从最初民主党的一个筹款人干起，直到进入了白宫。在1978年初入白宫时，奥尔布赖特为她的老师、吉米·卡特总统的国家安全事务助理兹比格涅夫·布热津斯基工作。1981年，里根就任总统后，奥尔布赖特转入了学术界。1982年1月，正当奥尔布赖特的事业蒸蒸日上之际，她接到丈夫抛出的“一枚重磅炸弹”——离婚。

当时已经45岁的奥尔布赖特从此开始了独身生活。与大多数刚刚离婚的人相比，奥尔布赖特不得不这样来描述自己的生活——艰难。从20岁与乔相识相爱后，她就再也没有注意过别的男人。分别时，丈夫对她的相貌所下的断语曾让这位优雅的女性彻底丧失信心，从而变得愈发拘谨。按奥尔布赖特自己的话说："我就像个 45 岁的老姑娘。"

不过，奥尔布赖特从此也学会了更多地依靠自己。她独自去听音乐会，去听歌剧。一个人只带一本书在饭馆吃饭。审视生命中的这段经历，奥尔布赖特说："是我的事业导致了婚姻的失败吗？我经常这样问自己。我痛恨这个问题，对于那些渴望有自己事业的女性来说，这个问题简直是一种侮辱。""成为国务卿之后，我意识到，如果我没有离婚，我的事业也就不可能走到今天这样的高度。不过对于离婚，我仍然是感到深深的悲哀。如果当时乔能够改变想法，我想我肯定会放弃干事业的任何想法。"

奥尔布赖特曾经有很完整的生活，一个由父母的爱心所编织的安全屏障，一段温馨舒适富有节奏感的婚姻生活，也曾经有过养育孩子的欢乐与麻烦，产下死胎时痛入骨髓的悲伤，因父母去世而感到的那种空虚，离异的痛苦和愤怒，这一切的一切，她全都了解。具有讽刺意味的是，正是在感情上的挫折才使她得到了彻底的解放，从而燃起她强烈的抱负，激励她进入了美国政府的最高层。

婚姻的破裂曾彻底粉碎了奥尔布赖特的自信心，随之破灭的还有她成为一位美国最完美无缺的妻子和母亲的梦想。因为她是女人，所以她不可能弃家庭于不顾，她是一位对家庭负责的妻子，一位对子女尽职的母亲，所以只有在婚姻走到尽头、子女长大成人后，她才能真正放手展露她过人的政治才华。也因为她是女人，所以她富于爱心、感情丰富，这也让她在一个男人当权的社会里形成了独特的感召力。她是一个不拘小节的人，可对朋友却非常细心，无论作为家庭主妇还是担任要职，她对朋友都一如既往地敞开胸怀，既帮他们摆脱困境也与他们分担忧愁。她是博爱的，她生来就要为这个社会奉献爱心和热情。也正因如此，她得到了人们的尊敬。

爱情蕴涵了许多，其中有尊重、有欣赏，还有美感，当你的爱人失去了对你曾经有过的尊重与欣赏时，你也就没有必要守着让你伤痛不已的东西了，这样做的道理是给你爱的人自由。

爱是不能勉强的，你必须让你所爱的人自由。你必须让他自由，让他有自由作抉择、有自由依他的方式生活，而不是你要求的方式。放手让你爱的人走，并不是件容易的事，但是那是唯一的方法。如果你不愿意，你会终生生活在痛苦、气愤和沮丧之中。这样做的目的是为自己赢得自由。如果你无休无止地拯救一份根本不可能恢复的婚姻，你会轻易地发现“善无善报”的结局是残酷的，也是实实在在的。

人类社会历史的积淀是如此厚重，即使是最优秀的女性，要进入彻底完全自由的境界，亦谈何容易！但女人应该有信心进入这种彻底完全自由的境界，因为毕竟有像奥尔布赖特这样的女人这样做了，而且很幸福。

尊重自己的感觉来作出选择

长期以来，传统社会在女人的头脑里塞了太多的“软弱”，这使得女人易于受操纵；也让那些想要改变的女人受尽挫折与挑战。因此，女人应该懂得取舍的道理。而这里所讲的取舍，就是让你在值得与不值得之间作出正确而明智的选择。

舍弃的力量不只帮助你从那破裂的情感创伤中复原，还使你从许多困苦的时期中，很快地重拾信心。当一个人结束某种关系，而不赋予自己成熟的机会，这便是自我毁灭。生活中，有时候你得在爱和对之间作个选择，你可以把精力放在赢得正确或赢得爱上，如果爱是你的第一优先，何苦把时间浪费在证明别人是错误的而自己是正确的这样一些无意义的事情上。

如果你面对一个不尊重你感情的人，一个令你感到伤心孤独的婚姻，请勇敢地说“不”吧！说出“不，已经结束了”，会让你看到崭新的可能性。“‘不’是语言当中我们赋予最宽广意义的一个字了。”诗人狄更生如此写道。47 岁时，狄更生吸引了一位鳏夫——罗德法官的注意，他想迎娶这位“阿默斯特的隐居者”。自从 15 年前，狄更生被查尔斯·魏兹华斯狂傲地拒绝之后，这似乎是她首次赢得爱情的机会，然而她却说“不”。

狄更生回避爱情是为了不被爱所伤，还是她对罗德根本没有感觉？当你转身离去，或是拒绝某事、某人时，你就赋予自己一种力量，而此力量在追求满足的文化当中，是不太被人理解的。因为“不”这个字建立了你的力量，你得以自我奋发而卷土重来，为自己真正的欲求再度作战。当你准备离去时，一种可能有所作为的感觉随之滋长，而将其实现的决心也会随之增强。

当女人面临一个痛苦的阶段，比如刚刚结束自己不幸福的婚姻，他对你说“我们最好还是结束”时，你完全被击垮了。你失眠、没有食欲，也不能专心工作，你日渐消瘦，到最后很多人都认不出你来了。即使过了一个月，你发现自己还是不能接受这个事实，你根本不相信这段感情真的结束了。那么，你应好好领悟一下下面这个寓言：

在一个村子里有个养鸽子的人，他对自己所饲养的鸽子非常引以为豪，还常常告诉他的朋友，他有多爱他的鸽子。可是有一天，当他向孩子们展示他的鸽子时，有个很聪明的孩子不明白：如果他爱这些鸟儿，为什么要把鸽子养在笼子里，使它们不能展翅飞翔？孩子问他，他回答：如果不把鸽子们关在笼子里，它们就会飞走而离开他了。可是事实上他不明白，如果你真的爱某样东西，为什么要限制它的自由呢？如果你爱一样东西，让它自由！如果它回到你身边，那它就是你的；否则，就不是你的。

你是否觉得这个故事对你隐含了某种特别的信息？或许你就一直试着想强迫男友回到你身边，你总是认为，只要他留在你身边，什么问题都可以慢慢解决。现在回想起来，那时的心态是：你就是不要独自一个人。可是那不是爱，对吧？那只是害怕寂寞。

既知事实如此，女人们就应该把感情的事看透、看开，将那些不值得拯救的恋情和婚姻勇敢地放弃吧，你要时刻尊重自己内心的感觉！当一份感情给你带来的痛苦已大于快乐时，就不要去拯救它！

懂得诱惑，但不随便

女人千万不能太随便，因为男人从不会珍惜轻易上手的女人。因此，聪明的女人懂得如何让男人时刻围在身边，让男人时刻都需要自己，而不是在需要的时候想起自己。男人常常会忘记让他笑过的女人，却会把让他哭过的女人记一生。

男人都不想让女人知道，他们在心里默默地把女人分为两种类型：一种是随便玩玩的快餐型，一种是适合娶回家当老婆的类型。一旦他把你归类为随便玩玩的类型，想要跟他步入婚姻殿堂的概率就非常低。

有些女人深深知道这个事实，这也是为什么她们总是不会轻易地给他们想要的。但她也不会让男人误会，以为她是个古板的女人。这些女人举止张弛有度，她们深信没有适当的诱惑，就不会有美丽的爱情到来，所以，她们不断去寻找无法控制热情与执迷的男人。男人需要征服女人，其实泄露出强大的无力感，这种无法自我控制的地方就需要自己来控制。她们懂得如何让男人时刻围在身边，让男人时刻都需要自己，而不是在需要的时候才想起自己。

身为女人，你要永远记住：千万不可做随便的女人，学会在互相诱惑和追逐的爱情游戏中掌握主动权，当男人无法沉稳地操控局势时，你便能控制一切。

随便意味着廉价

有一句话是这样说的："无论何时何地，男人不能说不行，女人不能说随便。"这句话意思是：无论男女做任何事情，碰到任何困难，都不能说"我不行了"，"我不行了"是一种在困难面前低头、不自信的表现，是一种退缩，是自己看不起自己的轻言放弃。无论是在工作上，还是生活上，都不能说"随便"，"随便"是一种对工作、生活和自我的一种不负责任的态度，是对美丽的工作、阳光的生活和自己人格的一种亵渎。

美国前总统罗斯福的夫人读书期间，想找一份工作，修一些学分。父亲就带她去见当时担任美国无线电公司董事长的撒尔罗夫。撒尔罗夫问她："虽然我和你父亲是要好的朋友，但我还要问问你喜欢做什么工作?"她很随意地答道："只要能修学分，随便什么工作都行。"撒尔罗夫很不高兴地说："没有哪一类工作是随便就可以解决的，你的这种态度让我很失望。"结果，罗斯福总统的夫人便失去了这个工作的机会。在这个世界上，没有随便的工作，没有随便就能完成的工作，没有随便的生活，也不能有随便的生活，更没有随便的人生。

随便的生活态度不仅会将你无情地踢出局，有时候它还意味着廉价，尤其是对女人来说，因为没有任何一个女人希望自己是廉价的。聪明的女人从来不会自贬身价，她们懂得如何操控一切，如何把主动权掌握在自己的手中。

凯瑟琳·泽塔琼斯，这个来自威尔士的美女凭着一部《佐罗的面具》走进人们的视野，她与拉丁情人安东尼奥·班德拉斯那场充满激情的击剑表演让人至今难忘。泽塔琼斯最为成功的作品还是她和迈克尔·道格拉斯之间堪称是“美貌与金钱、权势相结合”的婚姻。

来自英国威尔士小镇的泽塔琼斯，实际上是一个非常传统的女人，19 岁才开始交男朋友。长大后的泽塔琼斯凭借着幽雅、高贵、古典的气质在群芳竞艳的好莱坞美女中脱颖而出，其精明亦不必多说，从她和迈克尔·道格拉斯的“老少配”婚姻中就可见端倪。在遇见泽塔琼斯之前，道格拉斯是好莱坞著名的花花公子，有钱有势，身边从不缺乏主动献殷勤的女性。能抓住这样的男人，光靠美貌是不够的。

凯瑟琳·泽塔琼斯在接受媒体采访时，毫不讳言地介绍自己当初是如何地充分发挥女性魅力的，她说尽管在两人相识之前，她非常崇拜迈克尔·道格拉斯，但在迈克尔·道格拉斯的甜言蜜语和猛烈的攻势下，她并没有乱了方寸，而是整整“考察”了道格拉斯长达九个月之久的时间，一直等到自己对对方有了充分的了解并接受他之后，才同意和对方相结合。她说：“认识道格拉斯整整九个月之后我才让他‘得逞’，我想真正了解他是个什么样的人，是否值得托付终身。那种感觉很美妙，就像撩人的贴面舞，让我们更迫切地渴望对方。”

即使是再难以征服的男人，如果碰上一个拥有天使般的面容、魔鬼般的身材的女人，而且这个女人还有着不温不火的性情、等待的耐心和步步为营的心机，那结局也几乎是不言而喻的。正如迈克尔·道格拉斯碰上的就是这么一个连魔鬼都要自愧不如的女人，一个被美国的媒体以“她玩弄了我们的心，偷取了我们的灵魂”等标题来形容的女人。

其实，任何女人都可以向凯瑟琳·泽塔琼斯学习她的交往技巧。没有谁比凯瑟琳·泽塔琼斯更清楚女性魅力的价值所在，也没有谁比她更懂得如何去展示女性天赋的特质。看看她在《佐罗的面具》里的表演吧，时而浑身上下洋溢着火辣辣的野性美，时而又完全是一派英国古典淑女的优雅风范，用风情万种来形容那是毫不过分。还有《偷天陷阱》里以高难形体动作穿越红外警戒线的那场戏，简直是柔如蛇行，轻巧优美，动人心魄，从小严格训练所培养出的舞蹈才能当真是被她发挥得淋漓尽致。而《鬼入侵》的导演扬·狄邦则干脆称她是有着“与摄影机谈恋爱的魅力”。凯瑟琳·泽塔琼斯深知，一个女人绝不可随便，一个随便的女人也绝不会有好的结果。她说：“我不得不承认美貌是进入好莱坞的敲门砖。美貌就像是餐后甜点，它能使你快乐，但是不能仅仅依靠它。有时候，你反而可能因为美貌而失去一些东西……我一直认为我只是个普通人。”

现实生活也是如此，若一个女人自始自终是一个招之即来、挥之即去的人，那她永远不会抓住男人的心。聪明的女人会始终给男人一种幻想，不管这个希望多么渺茫，却都会让他们甘愿接受最荒唐的处境，因为他们拥有了梦想。梦想是不可或缺的，选择的幻觉，再配合未来幸福的可能性，会引诱更多的男人心甘情愿地陷入你闪闪发光的罗网之中。

女人最大的乐趣就是去征服男人的心，精明的女人知道，如果没有适当的诱惑，美丽的爱情绝对不会凭空发生。创造爱情的方法不当，爱情也会与你擦肩而过。不如向凯瑟琳·泽塔琼斯学习，懂得如何展现自己的魅力。这就是赋予人们选择的威力，或者更正确的说法是选择的幻觉，因为玩的是你发给他们的牌，无论男人选择怎样出牌，但始终都在你的掌控之下。

诱惑比随便更有力量

我们时常认为，男人是世界上的强者，男人需要征服女人。实际上，这恰恰泄露出男人强大的无力感，这种无法自我控制的地方就要由女人来控制。你始终都要记住一点，适当的诱惑比任何直来直去的方法都有效，因为男人的情感越强烈，他们的防卫力就越弱。你要掌握诱惑的策略，千万别做随随便便的女人。

那么，到底怎样的诱惑才会让男人能死心塌地地爱上你？记住，绝不要靠身体或性来实现自己的目标，因为这只会贬低你的身价，让你得不偿失。一个聪明的女人完全有能力依靠自己的智慧来达成己愿，不妨学习一下玛莉·曼西尼的策略，这位长相并不出众的女孩通过树立路易十四的雄心，让其变成一个真正的男人，从而赢得了路易十四的真爱。虽然她与路易十四的爱情之树并未结果，但却给所有女性都上了一堂宝贵的爱情课。

1652年新寡的曼西尼男爵夫人从罗马搬家到巴黎，到了巴黎她可以仰赖兄长马萨林枢机主教，即当时法国首相的影响力和保护。男爵夫人有五个女儿，其中四人以她们的美丽和青春活力眩惑了宫廷。马萨林这些声名狼藉、魅力十足的外甥女后来被称为马萨林小女人，她们不久就被邀请参与所有宫廷中最重要的大型宴会。

其中一个女儿玛莉·曼西尼却没有这样的好运，因为她不具备其他姐妹的美貌和魅力，所以她的姐妹们和母亲，甚至马萨林，最后都讨厌她，因为他们觉得她破坏了家庭形象。他们试图说服她进入修道院，她待在那里就不会令他们难堪；但是她却投入了学习，不但学习拉丁文和希腊文，还改进她的法文，并且练习音乐技巧，还把自己训练成为最高明的倾听者。

1657 年她终于见到了未来的国王路易十四时（当时路易 17 岁，她 18 岁），对于这样一位长相平庸的女孩来说，让国王爱上自己这似乎是不可能完成的任务。但是玛莉仔细研究过未来的国王，路易痛恨四周不断进行的阴谋和卑鄙的政治伎俩。她发现他喜欢阅读冒险小说，带队时坚持站在军队的前头，并且路易拥有崇高的理想，热烈追求荣光，是个本性浪漫的年轻人，但宫廷并没有满足他的奇想。

玛莉看出来，要打开路易的心，就要造出一面“镜子”反射出他的奇想，以及他身为年轻人对光荣与浪漫的热望。所以她让自己沉浸于浪漫小说、诗篇和戏剧，在路易开始与她交谈时，她会谈论骚动他灵魂的话题，不是什么闲话，而是崇高的爱情、伟大的骑士友谊，甚至是昔日国王与英雄的高贵。她满足他对荣光的渴望，创造出威严、出众的国王形象，而这正是他的抱负，她激励了他的想象。

未来的“太阳王”开始花越来越多的时间和玛莉在一起，终于局势明朗，他爱上了宫廷里最没有前途的少女；令玛莉的姐妹和母亲大为恐慌的是，路易给予玛莉无尽的宠爱。他带着她参加军事活动，特意安排她在可以注视他走向战场的座位坐着。他甚至承诺玛莉他会娶她，封她为王后。

然而马萨林绝对不允许国王娶他的外甥女，认为她无法为法国带来任何外交或王室盟友，路易必须迎娶西班牙或奥地利的公主。1658 年路易屈服于传统压力，同意斩断他一生中第一桩情缘。他痛苦万分地作了决定，甚至在临终时，他都承认他再也没有像爱玛莉那样爱过任何人。

女人在创造爱情方面，一般都缺少玛莉那样的勇气和策略。玛莉将诱惑的游戏玩到极致。她退后一步研究猎物；因为诱惑往往侵略性太强，跨不过第一步就失败了，所以你的第一招永远必须是撤退。从远处研究国王，玛莉发现他的与众不同之处，于是造出一面“镜子”，反映出路易隐藏的热望，让他瞥见自己可能的成就——宛如神明的国王！

这一面“镜子”有好几种功能：满足路易的自我，给予他能够注视的复本；同时焦点完全在他身上，给他一种感觉，玛莉只为他一个人存在。路易身边围绕着一群图谋不轨、心里只想着自己利益的朝臣，面对玛莉的献身，路易不可能不被感动。最后，玛莉的“镜子”树立起一个理想形象，这成为他的人生目标——中世纪宫廷的高贵骑士。对于一个既浪漫又雄心满怀的灵魂来说，什么事都比不上有人在他面前举起了“太阳王”的形象重要。路易甚至后来都承认，在塑造他光华四射的自我形象上面，玛莉扮演了重要角色。

在创造爱情方面，玛莉显然比其他女孩子高明得多。她表现出对于王子的绝对崇拜，让他强壮，让他的心灵充满诗意、勇敢的情愫，让他知道什么事都可能发生，进而培养了他的信心。在艳俗女子随处可见的宫廷，相貌平平的玛莉显得是那么卓尔不群，关键是王子的理想只能和这个姑娘诉说，而玛莉给王子暗示，你如果爱上我，将不会有任何损失，事实上，你将获得更多。

玛莉的心态让王子觉得她既是他的情人，又是能与他一起驰骋杀场的战友，而羽翼未丰的王子正需要情人加战士般的女人，所以玛莉能成为王子眼里的“万绿丛中一点红”，显得可爱动人。一个高明的女人创造了一个伟大的帝王——“太阳王”路易十四，也为自己赢得了真挚的爱情。

聪明的女人决不会守株待兔似的坐等爱情从天而降，她们深信没有适当的诱惑，就不会有美丽的爱情到来，所以，她们不断去寻找无法控制热情与执迷的男人。玛莉帮“太阳王”路易十四滋长了他的梦想，给予那个男人极大的信心，进而得到了一个拥有许多美女的“太阳王”一生中最真挚的爱情。而这位玛莉小姐出身并不高贵，容貌亦非倾国倾城，她只是利用了自己的细心捕捉到了征服对象的理想，和爱人一起踏上“志同道合”的船，那他们的关系也就牢不可破了。

女人要学会“勾引”的艺术

不知从什么时候起，众多的相亲节目纷纷亮相荧屏，办得如火如荼。例如《非诚勿扰》节目，通过24位女嘉宾灭灯或亮灯的方式，来决定男嘉宾的去留。节目在走红的同时，也制造了诸如“宝马女”、“富二代”、“艳照门”等话题，引起观众热议。在此类节目中，原本最核心的相亲已不再是主要内容，相反，嘉宾出位的言论、生猛的话题，成为了节目追逐的目标。相亲交友只是外在形式，内在却揭示了困扰很多人的现实问题——金钱、房价、婚姻和家庭等。比如，利用手中的金钱占有社会有限的资源（美女），无异于古代帝王利用皇权选妃，这对大多数人是不公平和不能接受的。征婚人已届中年，且已离婚，却要求女方年轻靓丽无婚史。这样的征婚本身就是将男女双方置于一个不平等的层面上，这种不平等是基于物质基础的，说到底是一种“利益婚姻”。

现今社会越来越多的女孩对爱情大胆宣言，豪放一族更是秉承“追求爱情不排队”的宗旨，呼喊着“我喜欢，我选择”的口号。然而，又有多少女孩能如愿以偿，抱得金龟婿呢？恐怕没有几个，原因就是在原生态国产男人心中还是会害怕女性太主动。

现代女性大多忽略了“勾引”这门艺术，然而，还有一些女性在男人们还没有作好足够的心理准备来应战豪放新女性的情况下，就已先行一步。她们在追求自己的爱情时，总能技巧性地用兵布阵，不主动进攻或明示，最后点破主题的那句关键性的话语却由男方说出来。她们就像中国古典爱情故事里勇敢的千金小姐，遇到心仪的公子低头含笑，娇羞着扔下香帕，让心有灵犀的那个穷书生去捡。在那个时代，这是一种无奈的选择，但在如今，这却是最为冰雪聪明的智慧，这样的爱情有种撼人心魄的美。

女人要学会“勾引”男人，但这需要智慧。概括地讲，就是女方负责勾引，男方负责进攻。而潜台词就是“两个陌生男女相爱了，只有一个知道这不是巧合”。只有时刻准备迎接爱情，才会有一见钟情的事情发生，这也是产生爱情最生动、最浪漫的方式。

也许你认为这种爱情是“算计过的爱情”，事实也的确如此。骗子常说，做坏事要讲求细节，那么追求爱情为什么就不能讲求细节，精心设计呢？问题的关键是，这个爱情迷局的设计者是否具有智慧，其使用的方法是否得体适当，心态是否健康开放。如果她是出于真心的、没有害人的目的，为何不主动去“勾引”，然后看心爱的男人为你表演，最后由自己评估选择。不用一兵一卒，收获独一无二的爱情，何乐而不为？

中国大多数的女性从小到大所受的教育，都是在褒扬女性的含蓄。可是隐忍温顺的女子常常善无善报，沦为人生的失败者，在职场上得不到应有的待遇，感情上更会由于裹足不前而被人横刀夺爱。这不能不说是传统教育的误导。一些国外心理指导方面的书，特别是德国女作家乌特·艾尔哈特写的《好女孩上天堂，坏女孩走四方》及其姊妹卷《每天变坏一点点》，使人豁然发现以往生活中的种种不以为然的误区。

做个淑女本身并没有错，但却不需要以遏制自身合理愿望为代价，口是心非究竟是礼貌，还是虚伪？男性和女性的思维本就有很大差异。女性还要固守错误的古训，忸怩作态，煮熟的鸭子飞掉，也就是意料之中的了。自怨自艾是解决不了问题的，能主宰自己生活的女人才是美丽的女人。女人有时还是需要一些技巧，为什么要把属于自己或完全有能力得到也希望得到的，拱手让人呢？也许会博个高尚美名吧，但恐怕更多的是"无用"之讽。

实际上，"坏女人"跟淑女并不是两个矛盾的概念，刚柔并济才不失女人味，只有刚中带柔还是柔中带刚的计较罢了。所以，做一个会"勾引"的女人迫在眉睫，相信男人也乐于消受吧。

永远别让男人一览无余

索菲亚·罗兰说："女人只要装扮成一个猎物，你就能把男人变成情痴……魅力的50%是你自身拥有的，另外的50%则是人们认为你具备的。"别让男人看清你，他才能痴情得更长久。男人喜欢欲迎还拒、半遮半掩的女人，对一个男人来说，对他最大的诱惑就是神秘和不可知。如果一个女人让男人一眼就看透了，那就显得太肤浅直白了，会让男人大失探奇的胃口。

保持神秘感，是任何女人的撒手锏。有些女人对夫君随时嘘寒问暖、体贴监控，男人觉得身上仿佛装了个 GPS 定位系统，无处可逃，一览无余。而有的女人在让男人无拘无束的同时，也给了自己神秘的空间，有些行踪无法解释，有些个性反复不定，不完美，却不能预料，不能掌控。作为女人，无论你多么美丽、富足、自信，拥有男人为之停留的一切素质，如若不能保持神秘感，让男人一览无余，下场一定是悲惨的。

每个男人的首选都是性爱；至于是否需要女朋友，则是后话。只要你不让他轻易得逞，就会在不知不觉间，成为他的女朋友。

有两个例子说明太过随便的负面影响。一个女性在约会的第一次就跟男人上了床，做完之后他盯着她问道："你跟所有的男人都这样吗？"这使她感到屈辱。还有一个 25 岁的美国男孩，他曾这样说："如果她很快束手就擒，我们就会很快终止情爱关系。我喜欢游戏在情场中，甚至下意识地苦中求乐。"

大多数男人赞成"三次约会原则"，如果三次还不肯就范，就彻底放弃。但最后和他结婚的，往往是打破三次规则的女人。

著名影星凯瑟琳·泽塔-琼斯就是善于掌握这一技巧的女人。在她和迈克尔·道格拉斯结婚之前，她像东方女孩一样传统，不让他越过最后一道防线。这是她驾驭一个老花花公子的策略，如果让他尝到滋味了，就有可能在娶她之前另找目标。

你需要做的就是既要知道如何去诱惑男人，又要懂得怎样隐藏自己，这样你就如小兽般时刻击打着男人的心，闷的时候挠他一下，饿的时候咬他一口，累的时候吼他一声，等他实在忍受不了时，你抽身而去，让其捉摸不定，寻不到踪迹，会令男人发疯。记住，你每时每刻的变化，会把男人折磨得死去活来。

无论是热恋中的女人或者是婚姻中的女人，都不要忘记在男人面前保持一定的神秘感。许多女人在和男人有了亲密关系后是不拘小节的。她可以裸露着身子在男人面前走来走去，也可以在去卫生间时很自然地不关门。这些实际在男人心中都是太过直白的行为，是会使女性自身的优雅大打折扣的。

将底牌放在他从心底敬重你之后

在男女交往的定律里，女人时刻都要记住，男人绝不会娶一个轻易上床的女人为妻，他们会把一时的玩伴和要娶回家的妻子分得很清。很多女人都会错误地认为一个男人和你上床了便对你有了责任，其实没有比这种想法更愚蠢的了。无论他以什么方法让你同意与他上床了，都只会加快他想逃离你的脚步。不过也有一些女人认为这种事情是各取所需，很正常。事实上，你也可以这么认为，但这里想提醒你，当你用这种态度和一个男人相处时，他在你这里的需要就仅仅剩下“上床”了。因此，请将性爱放在他从心底敬重你之后，只有当他认为你不是一个随便的女人，或至少不会用这种方式去取悦男人，或随便和一个男人就可以做这种事的时候，他才会觉得和你上床是件愉快的事。

男人是理性和感性的综合体，而女人从某个角度讲则完全是感性动物。越是成熟的、成功的男人，就越有自己的标准，他第一眼就能看出一个女人是用来上床的，还是用来谈感情，甚至娶回家的。如果你不能让他娶你，切勿成为他一时的玩伴，否则你什么也不会得到。没有哪个男人会在玩伴身上花太多心思，因为就像你买衣服一样，永远向往着商店里的下一件。而妻子就像是房子，对他来说，是稳定的、牢靠的，需要花感情去布置去追求的。

如果与你交往的男人考虑到了婚姻问题，请你记住，任何男人都不会想要一个只会撒娇的小女人，他想要的是一个能够和他共同经历风雨、坚强自信、有生活趣味的妻子。很多女人有一个错误的观念，认为男人都喜欢那种娇滴滴，要放在手心里捧着护着的小女人，其实不然。除非是一个很年轻的男孩，或者是一个不太成熟的男人，他需要一个比他更不成熟的女人来显示他的男子气概。一个真正成熟的男人，在选择妻子时，绝不希望自己娶来的是一个需要照顾，需要呵护的小女人，他要的是妻子而不是女儿。因为男人其实是很缺乏安全感的动物，他对自己未必像你看到的那么有信心。从小到大，家人就教导他们，要坚强，不能哭，不能软弱，要像个男人。所以他们不会把内心的软弱和不安全表现在你面前。但他们一直都很担心，担心你不是因为他们的本身而是因为其他原因嫁给他们，比如金钱、住房。他们害怕有一天当他们不再有钱，失去工作的时候，你不会留在他身边。所以男人其实也是很没安全感的。他需要一个可以和他一起经历风雨、内心强大、懂得宽容的妻子。他知道只有这样的人，才能让他真正无所顾忌地去奋斗，去生活。

最后一点，所有的男人会把你朝“上床”的方向引导。你不要为此而感到害怕，甚至认为男人的品质有问题，因为这是男人的天性所在。所有男人都明白，如果他让女人相信，他们的关系有长期发展的可能，那么她就更容易跟他上床。你需要知道的是，一旦你不假思索地答应了他的要求，那么你们的关系很可能就快到头了。还记得前面所讲的吗？千万不可做随便的女人，要学会在互相诱惑和追逐的爱情游戏中掌握主动权，当男人无法沉稳地操控局势时，你便能控制一切。

总之，女人一定要学会如何去创造和经营自己的爱情，因为毕竟感情生活是女人永远脱离不掉的东西。当你懂得了这个真谛所在，不管你的外貌、家世、种族情况如何，爱情都会让你妩媚动人，朝气重现，整个世界都飘着有甜味的雪，张口就能享受从天而降的幸福滋味。

会撒娇的女人有人爱

漂亮的女人不一定制服得了男人，但会撒娇的女人一定是男人的克星。撒娇不仅是女人的天性，还是对付男人强有力的撒手锏。聪明的女人懂得如何提升自己的“娇媚软实力”，来满足自己身边的男人的成就感，更让自己荣宠有加。

女人不一定要漂亮，但一定要会撒娇。会撒娇的女人总是特别有女人味，举手投足之间总会让男人为之心动。撒娇是女人的一种心理需求，尤其是到了心爱男人的面前，女人就会变得孩子气，喜欢奶声奶气说话，喜欢撒娇；换言之，爱容易使女人变得不理性。

撒娇还是一种武器，是对付男人强有力的撒手锏。很多女人一直在研究如何搞定男人，其实大可不必花费时间和精力。要搞定男人很容易，因为百分之九十九的男人都喜欢会撒娇的女人。虽然说男子汉大丈夫宁愿流血不流泪，但男人可以为女人“撒娇”而折腰。会撒娇的女人比那些腼腆内向、自视清高的女孩子更能打动男人的心，也更得周围人的喜爱。

每个失败的男人，背后总有个不懂事又不会撒娇的女人，遇到男人陷入低潮或压力过大时，她们只会指责或大吵大闹，而会撒娇的女人却可以造就出成功的男人！

有位哲学家告诉男人：只要懂得称赞老婆的旧衣漂亮，她就不会吵着要买新衣；吻一下妻子的眼睛，她就会变成瞎子；吻一下妻子的嘴唇，她就会变成哑巴。同样，聪明的女人，只要你懂得称赞老公的才干，他就会更卖力地为你工作。撒娇地抱他一下，他就不会生气动粗；吻一下他的嘴巴，他就不会口出恶言。家里不是法院，不用长篇大论讲道理，更不需要争得面红耳赤，只要你懂得撒娇和体贴，你就会享受家庭的幸福。

如果整天向男人展示女强人的坚毅和强悍，这样的女人除去女性的外表，和男人有什么区别呢？会撒娇的女人不是狐狸精，被宠爱的女人才懂得撒娇，当女人只被要求独立坚强的时候，她失去的正是撒娇的权利，同时也会因此失去更多。

死板的女人没人爱

没有一个男人希望自己的女朋友是一根“木头”，或是一个“小女孩”，甚至是一个“母亲”。如果他爱一个女人，只会在心里把她当成一个“女人”。男人害怕娶一个目光呆滞的女人，他甚至害怕会和她生出一个痴呆的孩子来。当一个女人过于死板，就会让男人联想到，与这样一个女人生活，会如同与一根木头生活一样无趣。

还有一些女人也犯了一种错误，她们在两性关系中特别喜欢扮演小女孩的角色，期待对方扮演大哥哥的角色，照顾她们，疼爱她们。也许在一开始，男人会非常喜欢这样的女孩，但时间长了就会厌倦。

而大多数女人犯的错误是——在恋爱中扮演一个最吃力不讨好的角色——母亲。她们打理男人的日常生活，自以为已经扮演的是“妻子”的角色，并且以“唠叨”来换取男人的注意。殊不知这种“妈妈型”女人是最让男人不来电的。如果男人喜欢一个女人，他会把她当成一个平等的女人，而非一个女孩、一位母亲或一根木头。

什么样的女人最吸引男人？在当今时代，衡量女人魅力、性感的指数，被越来越主动、越来越游刃有余的空前新鲜感而短暂代替。然而最终吸引人的还是本色的东西，“犹抱琵琶半遮面”的古典情结将带着久远的余香，被男人们视为心中永恒的经典。可以说，会撒娇的女人最能吸引男人的注意力。

有人说埃及艳后是世上所有诗人的情妇，是世上所有狂欢者的女主人。在文艺圈，画家将她描绘为裸胸垂死的荡妇，诗人却将她看做为爱情献身的英雄；在历史上，罗马人对她痛恨不已，因为她差点让罗马变成埃及的行省，埃及人却称颂她是勇士，因为她为埃及赢得了22年的和平……在众多的历史人物中，能像“埃及艳后”克娄巴特拉一样得到世人如此矛盾评价的并不多见。事实上，关于这位女王的争论远不止于此。

公元前49年的克娄巴特拉被描绘为用色相引诱恺撒大帝，并借其力量击溃兄弟、独掌王位的美艳野心家。在恺撒遇刺后，她又以美色迷倒东罗马帝国的统治者安东尼。最终，安东尼的所作所为激起罗马市民的愤怒。在与罗马人作战败北后，见大势已去的克娄巴特拉不得已以毒蛇噬胸自杀，年仅38岁。在野史、传说中，一代艳后的命运如此，但这就是真实的历史吗？

长久以来，人们更乐于品评她的容貌，而忽略了她作为统治者的智慧。在影片《埃及艳后》中，被誉为“好莱坞第一美女”的伊丽莎白·泰勒众望所归地成为女主角的扮演者。就这样，克娄巴特拉成为“美艳绝伦”的代名词。然而，铸刻在古埃及钱币上的克娄巴特拉——凸额、厚唇、尖下巴、鹰钩鼻，远非人们常识中的“美人坯子”。这无疑颠覆了关于克娄巴特拉的美丽传说。英国《星期日泰晤士报》就曾披露，根据对克娄巴特拉雕像的比例进行研究，所谓的“埃及艳后”不过是一个又矮又胖的丑女人——她的身高不到160厘米，满口坏牙，体型偏胖，脖子上尽是赘肉。

在恺撒死后，克娄巴特拉急欲求得安东尼的庇护，她用一个特别的方式征服了罗马的新统帅安东尼。风光旖旎的尼罗河上，装饰极为华美的画舫，上面倚着一位绝代佳人，她就是埃及艳后。

见此情景，安东尼只得遣人请她下船相见。不料，女王并没有下船，反而传话让他到自己的御船上来。这对于征服者来说无疑是一种公开挑衅的抗命行为。然而，安东尼——这位叱咤风云、战无不胜的勇将，却对这种出人意料的抗拒感到惊奇。因为侍女传话说：“女王问您难道不想跟她单独待一会儿吗？”

于是，安东尼不由自主地上了船，走到风姿绰约、典雅娴静的女王身旁。立刻，丘比特的神箭，一下射中了这位自诩不把任何名媛淑女放在眼中、高傲自负的男人。而埃及女王不卑不亢的盛情款待更使安东尼为其气质风度所折服。经过御船上连续几天的笙歌欢宴，安东尼不仅答应保持埃及的独立和女王的王位，而且决定放弃他原计划对东方帕提亚人的御驾亲征以及罗马的未来帝位之争，随同女王前往埃及。从此开始了他们长达12年，富有悲剧色彩的奇特爱情历程。

长久以来，人们都认为埃及艳后利用美色来征服人心。实际的情况并非如此，在阿拉伯学者的眼中，这位“埃及艳后”并不依靠美色来收服人心。克娄巴特拉在17岁时就继承了父位，她是凭借聪慧和文化底蕴来统治埃及的。克娄巴特拉被称为“善良的学者”；她是一位语言天才，除了希腊语，还精通拉丁语、希伯来语、亚拉姆语和埃及语；她是一位数学家、化学家和哲学家，写过许多科学书籍，每周要与科学家开会；她是一位工程师，曾开凿运河将尼罗河河水引入亚历山大；她是一位城市规划专家，艾尔·巴克里、亚库特等阿拉伯学者都曾撰文称其在亚历山大城的建筑计划“史无前例的庞大”。

可以说，埃及艳后是凭借自己的非凡才智，两度避免了埃及托勒密王朝的灭亡。克娄巴特拉的成功完全在于她善于利用女人独有的天赋，并且能恰到好处地选择时机。在她的一生中，她始终表现得像个尽善尽美的演员，一个令人惊讶的多才多艺的女人。她可以和当时最有才学的男人们讨论绘画、雕塑、诗歌、神学、哲学、宗教以及治国安邦之道。她那耀人眼目的性格是由多种彩线织成的。她才华横溢、美艳动人；间或诡计多端、残酷凶狠；间或柔情满怀、举止轻浮。有时圆滑老练，有时慷慨大度，但总是权欲熏心，无法抑制。她对荣誉和男人都有强烈的爱好。总之，她是具有高超的生存艺术的天才。在与命运斗争的时候，除了智慧之外，她没有别的任何武器，如果有，那就是她晓得如何利用女人天生的武器——在男人面前适时地表现出柔弱，并且知道以何种方式表现出来。

历史上似乎很难再找到这样奇特的统治者：她运用自身的武器——才智和魅力，面对无法抗御的巨大外来势力的威胁，一次又一次地拯救了她贫弱的国家和她岌岌可危的王位。不仅如此，她用女人的天赋征服了西方古代世界两位最杰出、最具才智而又占据权力顶峰的男子，并使他们融进和服务于自己的事业。

在历史的非议声中流传下来的埃及艳后的故事，给今日的女性生活很大的启发。与男人眼中的那些“坏女人”相比，她们早就学会了利用造物主赐予的武器去轻而易举地实现自己远大的目标。当然，这些女人绝不是脑袋空空，扮演交际花的角色，以美色诱惑男人，更不是露着大腿，凭色相就能获得成功。她们拥有智慧，知道如何运用除了智慧之外的、上天赐予她的独特的武器，并发挥它的效用。

每一个女人都具有天生的女性魅力，而只有某些女人知道如何去利用它。在生活中，这些人们眼中的“坏女人”往往比那些墨守成规的好女人更能获得异性的支持，而且还能深深地吸引他们。

学做撒娇女王

有人说：“男人要用千军万马来征服世界，女人只要嗲一嗲，可以融化掉千军万马。”会撒娇的女人往往具备一种无穷的力量，从林志玲身上，我们就可以得到佐证。有人形容林志玲是芭比娃娃的真人版，她走路是猫步，讲话一定微微把头向右歪去……当电视主持人蔡康永问节目现场的男生有没有人喜欢林志玲的时候，男人们暂时怔住没有反应，林志玲娇滴滴地嗲声说：“你们再不讲我就要哭了……”屏幕内外全部傻眼！

美艳的女人在娱乐圈比比皆是；高学历艺人，也不乏其人；青春逼人的后起之秀，更是江湖代有才人出。错综复杂的竞争中，林志玲选择了最简单也最“难为情”的方法：温柔地笑，嗲嗲地说，甜到骨子里的语气，我见犹怜的羞怯。在青春才是最大资本的演艺圈，以年过三十的资历，坐稳了“第一美女”的宝座。

林志玲的出现，开创了一种“无公害性感”。令人销魂的娃娃音和明目张胆的撒娇，在让人无法忽视她存在、同样富有侵略性的同时，又让人感受甜蜜、心存温暖。好莱坞，不乏和林志玲一样用嗲功制胜的美人：娇滴滴的“律政俏佳人”瑞茜·威瑟斯彭牵着一条吉娃娃一嗲成名，生活中的她举止谈吐也永远是百转千回，耐人回味；而娇小的洋娃娃斯嘉丽·约翰逊，以娇憨的笑容，甜美的外表，继承了“史上第一嗲”梦露的衣钵。

由娱乐圈发散而去，“新派撒娇”在社交场也无往不利。“亲爱的”这个称呼已成为社交开场白；“加油、加油哦！”这是林志玲工作完毕后的口头禅，如今已不分男女成为流行的职场问候语。公众也被重新洗脑，撒娇可以使春风化雨，化腐朽为神奇。于是，写字楼、办公室、商务酒会，“林志玲们”比比皆是。她们高 EQ、好气质、极富亲和力，并拿捏到位——只发嗲不“装嫩”，只撒娇不“撒野”，堂而皇之地将小女孩的武器在成人的世界里发挥到惊世骇俗的地步。这是高段位的调情，哪怕总以小姑娘般娇滴滴的形象出现，但谁敢轻视娇柔的外表之下暗潮汹涌的成熟与历练？温柔是一种力量。“林志玲们”的存在证明，女人有女人的方式，小女子一样笑傲江湖。

多少年来，男人们为了男子汉的风度，为了维护一种坚强的形象，忍受了多少沉默带来的寂然，为了虚荣地扛起生活的重负，他们又经历了多少冷漠。女人善于把男人想象得比自己高大、勇敢、坚强。这里可以很负责任地告诉你：这全是假象。正如保尔·艾吕雅说过的那句名言："男人只会变老不会成熟。"

当你了解男人都是小孩子，你就了解了人生所有的事情。聪明的女人懂得如何安慰身边的男人，她们会巧妙地把强烈的爱融在幼稚的言行中，憨态中蕴着爱意，让他们在疲于奔波的生活，在人生艰难的旅途中获得轻松，感受欢悦。"坏女人"都会撒娇，但她们并不是在卖弄风情，她们在很大程度上满足男人的成人感、成就感，让男人充满豪情和自信。

被男人疼，被男人宠是每个女人的渴望，而要实现这个愿望并不难，男人特别渴望得到女人的认可、夸奖和赞美，而满足男人这一心愿的最好办法就是对他撒娇，你要是做到了这一点，男人宁愿为你付出一切，甚至愿意为你去死。

如果一个女人能让一个男人觉得自己更强壮、更性感，那么这个男人一定会喜欢这个女人；如果一个女人让男人感到自己很了不起，特别出色和能干，这个男人一定会爱上这个女人；如果一个女人能让男人觉得自己不同凡响，一定能够取得成功，这个男人一定会用毕生的精力死心塌地地爱这个女人，直到海枯石烂。

著名话剧导演何念的舞台剧力作《撒娇女王》向人们讲述了四个女人的故事，并组成了一堂生动的爱情课，其中的一句台词给人留下了极为深刻的印象——"女人不狠，地位不稳。"这里的狠，并不是提倡女人要骑在男人头上、要心狠手辣、要做悍妇，而是要做一个有自我且温柔的女人。因为一个女人有坚强独立的自我和个性，才能真正被男人喜欢。不要让男人轻易地得到你，不要让男人觉得你对他唯命是从，不要让他觉得你就为爱情婚姻活着，你没有自我。

"撒娇女王"是大女人和小女人的结合体，因为人性是多面的，比如撒切尔夫人当英国首相的时候被称为“铁娘子”，可她在家时就经常给老公炒菜做饭，就是一个“围裙娘子”。一个聪明的极品女人应该是在外面做“白骨精”，在家里做“狐狸精”。“白骨精”就是白领、骨干、精英，是特别能干的女王；回家做“狐狸精”就是做一个非常会撒娇，让老公缠绵得离不开的女人。聪明的女人不会做外强中干、外刚内脆的女人，这样的女人内心非常脆弱，强悍实际上是一种掩饰，是“纸老虎”。女人应该外柔内刚，就是内心很刚强，外表却柔情似水，这才是有自信的女人。大长今、阿信，这些日韩电视剧讴歌的坚强女性都是外表柔弱的温柔女人，其实内心非常强大。所以，女人外表撒娇、内心女王，是比较容易成功的。

撒娇要有的放矢

当今新女性的标准顺应着“男人女人化，女人野人化”一路高歌进化到“上得了厅堂，下得了厨房，写得了代码，查得出异常，杀得了木马，翻得了围墙，开得起好车，买得起好房，斗得过小三，打得过流氓”。无论是撒娇还是女王，对任何一个女人来说都是小菜一碟。不过，撒娇也要讲究方法技巧，做到有的放矢、指哪儿打哪儿也不是那么容易的。

爱撒娇的女人很多，但会撒娇的女人却很少。女人们撒娇一定要“撒”好，要撒出品位、撒出温柔、撒出浪漫、撒出实实在在的娇气。如果撒娇“撒”不好，就会变成撒野，那可就大大不妙了，因为没一个男人喜欢撒野的女人。如果对男人尖酸刻薄、故弄玄虚、小题大做、搬弄是非，这种“娇”一“撒”出来，就会令男人生厌，不但得不到男人的宠爱，反而会让男人敬而远之。

撒娇不是做作，不是不纯装纯，不嫩装嫩，撒娇要自然，不要适得其反，不要让人浑身发冷。会撒娇的女人一定懂得充实自己，懂得不断学、不断地提升自己的素养，不断地让自己越来越秀外慧中。试想如果一个举止粗野、满口恶言、衣着邋遢、头脑简单、四肢发达的女人对着你撒娇，你会有怎样的感受呢？撒娇的结果又会怎样呢？

娇不能乱撒，要因人而异，因时而异，而且撒娇要适可而止，恰到好处。如果一个女人时刻都在撒娇，她就很做作、虚假。若一个剩女靠撒娇去赢得男人，浑身上下特别嗲，会让男人望风而逃。如果你本身是一个完全不会撒娇的人，你可以适当学习一些技巧，撒一下娇，让男人觉得你很可爱；如果你本来不会撒娇，忽然一夜之间变成了一个无时无刻不在撒娇的人，会把人吓到的。毕竟，你不是演员。

女人撒娇是一种幸福，可女人应该怎样去撒娇呢？其实，这里面虽有学问，但并没有功课可做。撒娇不是爱情某个阶段所特有的产物，明白这一点，选择合适的时间、理想的地点，撒娇或尝试这么做未尝不可，因为那毕竟是少数时候出现的妩媚场景，男人往往因为这一瞬间的柔情蜜意而忽略你很多时候的小过错！

会撒娇的女人可使春风化雨，可以化腐朽为神奇，即便再粗犷彪悍的男人在撒娇的女人面前也会垂下高傲的头。千百年以来，撒娇一直就是女人的天性，女人未必要漂亮，但一定要会撒娇。

撒娇是女人对男人表达爱情的特殊形式。通常在恋爱中撒娇能取得恋人的愉悦，婚后撒娇同样能让丈夫产生爱恋之情。娇媚的老婆在丈夫面前撒一番娇，顿时可激起爱的涟漪、情之浪花。因为撒娇变为了老婆对丈夫百般恩爱的释放，丈夫会在此时领略到被爱的自我价值而获得高度的心理满足，从而使夫妻间的亲密关系升华到一个更高的层次。会撒娇的女人，在男人眼里会更有魅力。女人的一个娇嗔、一个媚眼，往往可使男人心旌摇曳。撒娇是一种本事，一种技巧。撒得恰如其分，如

“回眸一笑百媚生”，往往会招致男人怜爱，男人会感觉这个女人娇柔、可爱。

撒娇是女人的专利，那不是矫情，更不是可以滥用的控制男人的手段，但它确实是爱情中所不能缺少的。如果说爱情是一朵缓缓绽放的花，撒娇就是那用于浇灌的雨露，适量的使用足以使爱情之花越开越美丽。不管是单身还是已婚，女人们对于撒娇都不应该感到陌生，那不是乞食，更不是女人独立的绊脚石。

没有哪个男人可以剥夺女人的这种权利，也没有哪个女人会不懂得使用这种权利。只是被众多的生活因素所左右，她们被要求或者被迫放弃撒娇的时候，心里多少有点凄凉。可以说，只有甜蜜的爱情和婚姻才会延续女人撒娇的权利，反之亦然。

如果人生是咖啡，撒娇就像糖，糖太少了太苦，太多了又令人反胃。世间的高 EQ 高智慧女人，都懂得撒娇要撒得恰到好处，也懂得自己的命运，其实都掌握在自己的脑袋和嘴巴里。爱碎碎念、咄咄逼人的女人们，赶快醒醒吧！马上放下骂死人的机关枪和电锯，就能立地成“撒娇好命女”，一生贵人无数，人见人爱好运来到。

利用美貌，而不出卖美貌

魅力通常在智慧之中，而不是在容貌之中。女人拼的是道行而不是容貌。尽管男人喜欢美女，但大多不会选择与一个毫无智慧可言的美女生活在一起，除非这个男人也一样毫无智慧可言。女人依靠美貌来维持魅力是最危险、也是最愚蠢的。记住，美貌不是一个女人的长期饭票，外表只能仰赖一时，智慧却能让你享用终生。

电影《失恋33天》中有一句经典的台词：情义千斤，不敌胸脯四两！不过，佩特罗尼乌斯说过这样一句话：“美貌和智慧很少结合在一起。”男人喜欢美女，但大多不会选择与一个毫无智慧的美女生活在一起，除非这个男人也一样毫无智慧可言。

关于女人的美丽，有一个著名的寓言：在地狱的美女房中，收留着诸多中外著名的美女，如褒姒、妲己、西施、貂蝉、杨贵妃、玛丽莲·

梦露等。她们越来越觉得不公平，联名上书给上帝，质问他：“为什么那么多丑女人在天堂幸福地生活，而让我们在这里受罪？”上帝回信说：第一，你们现在仍然认为容貌是决定一切的因素；第二，你们受到的控诉过多，没娶到你们的男人说你们高傲，娶到你们的男人说你们影响了他们的事业，没你们漂亮的女人说你们给她们的家庭带来不安定因素；第三，我也不想背上好色的名声。

美貌是女人最不诚实、最不牢靠，同时也是最危险的资本，而智慧则是女人最值得依赖的利刃。能够集美貌与智慧于一身的女人，无论在哪里，都是一处赏心悦目的风景。但如果女人滥用这两种资本就会出现危险，以至于误人误己。有些聪明的漂亮的“坏女人”知道如何珍惜自己的资本并回避危险，她们巧妙地利用与生俱来的美貌，并发挥聪明才智，在现实生活中无往不利。

容貌是最危险的资本

人们都以为美丽的女人容易获得爱情，而事实上美女的情路多半坎坷。美女的下场往往是，男人还没注意到她精神的美丽时就说已经全身心爱上了她。事实上，男人只爱上了她的外表，而不是她的内在。

女人们常常忽略和忘记，年轻和美貌基本上都具有“容易被原谅”的特质。因为年轻，即使犯错也可以被忍让；因为长得好，即使造成伤害也可以被包容；但当这一切逐渐消逝时，还会剩下什么？

我们的躯体会老化、松弛、发胖、起皱；我们的关节会变得“咯吱”作响，血管硬化，心率下降，眼睛昏花，牙齿脱落，驼背佝偻，四肢无力；我们的骨质变得疏松脆弱，肌肉也不断萎缩衰退，不该发福的地方却膨胀起来。这一切或迟或早都将发生在我们每个人身上。这个未来的景象告诉你，一个女人不可以对外貌过分依赖。这并不意味着美貌毫无益处，但它“转瞬即逝”，而且可能把你引入歧途。美貌只能满足眼目的情欲，也只是流于肌肤表面的肤浅。美貌纵然好，但内在的修养更为可贵。

古时，浣纱女西施因貌美成为越国进献给吴国的牺牲品之一，沦为吴王夫差“玩好女乐”的玩物；貂蝉因姿妙成为汉室政治斗争的工具，屈辱地周旋于董卓、吕布老少之间；王昭君因质美做了与邻国交易的筹码，在番邦终其一生；杨玉环因腴美先后侍奉了李瑁、李隆基父子二人，终被逼以三尺白绫而自缢于马嵬坡，结束了青春。这些丽人悲惨的历史，正说明了一点，美丽是一个女人最大的资本，也是最大的潜在危险。不善用自己的美貌不仅会伤害男人，对女人自己也会有伤害，美貌与幸福难成正比，相反，其走向地狱的可能性要比一般人大得多。因为美丽，所以她们心态不能平衡，商业社会的媒体往往又会煽动起她们极度膨胀的虚荣心，更别说因为美貌所带来的优越感。因此，她们往往不注意自己的内在修养，更无力抗拒诱惑。那么这些美丽的“小兽”们自然就无法逃避“猎人”的陷阱了。

“红颜祸水”并不是单单针对男人而说的，这四个字往往也是针对女人本身所说的。愚蠢的美丽是有恃无恐的，也许偏激了点，但大多数美女难逃这一哲理性判断。

女人绝不能成为只注重外表而无内涵的花瓶！能够集美貌与智慧于一身的女人，无论到哪里都是一处赏心悦目的风景，但如果女人滥用这种“电力”就会出现漏电或短路的危险，这样会误人误己。女人的美丽搞不好就是炸弹，随时让她们走向毁灭。毁灭了，再美丽的容颜也会灰飞烟灭，留下美丽的却轻微的慨叹而已！

并非女人不美丽，就没有那样的危险，而事实上，她不美丽只是减少了这种危险发生的可能性，更重要的是滥用自己的才能往往会将自己毁灭得更彻底。

女性应该利用自己的美丽，但不是出卖自己的美丽。有很多女性觉得凭借自己的美貌就可以一步登天，利用美色来换取好的婚姻，这样未必幸福。美貌总是短暂的，会随着时光的流逝而消失殆尽。所以女性只有加强个人修养和提高自身素质才会得到社会的认同和大众的认可，但绝对不要滥用自己的才能，出卖自己的才能，这才是真正的智慧女人。

气质让女人与众不同

歌德说："外貌只能炫耀一时，真美方能百世不殒。"在生活中，我们常常可以看到有的女人貌不惊人，语不压众，并不引人注意。但稍一接触就如沐清风，和煦迷人，悄然流溢出品质如兰的缕缕幽香。还有一些女子乍看可以惊艳："啊，绝佳美色！"但一接触便索然无味。

为什么？这就是气质的魅力！美貌可以与轻浮为侣；美貌可以与无知结伴；美貌可以与低贱同流；美貌可以与愚昧为伍，但气质不可以。气质综合了修养、文化、学识、谈吐、举止、内涵和素养等。胸无点墨不会有气质；没有修养不会有气质；内涵不够不会有气质；谈吐粗俗不会有气质；举止无拘不会有气质。而这些都是知识的熏陶、修养的历练和内涵的蓄积。

其实一个女人完全用不着过分地用美貌取悦男人，因为美貌是最经不起岁月侵蚀的。按生理学的观点，女人最好的年华只在 20 岁左右，一过 25 岁就走下坡路。因此，女人最经久的美在气质而绝非美貌，最应提升的是修养而非外表。

气质不是刻意装扮出来的，气质是需要沉淀的。虽然包括先天的成分，但更多的还是后天的养成。美丽属于气质的一个重要组成部分，但美丽决不可能产生气质。男人对女人的美貌有时也很看重，但那只是为了取乐和释放，而对女人的气质却是倾心和品味。我们经常觉得一个女人总是那么高贵和神圣不可侵犯，总是那么高洁和娴雅不俗，那一定是气质而不是美貌。

塌鼻梁、小眼睛、厚嘴唇、雀斑脸，这是著名模特吕燕走红国际T台，并在国内引起巨大争议后，国人对她最常见的描述。正是这样一个游走在“奇丑”和“绝美”争议中的女孩，一不小心在欧美模特圈走红。

吕燕从来不觉得自己漂亮，但也不觉得自己长得难看，用她自己的话说，是“长得还凑合”。对自己的成功，吕燕笑称“没有其他，只有绝对的自信，只有绝对的努力。对我的相貌我从来没有自卑过！”20世纪80年代以后，国际模特儿界已经开始个性化了，审美的标准越来越多元化。吕燕没有欧化的漂亮五官，然而在时尚摄影师的镜头下，我们确实看到一个美女吕燕：微低着头，衬出一个楚楚可怜的尖下巴，大颧骨和厚嘴唇成全了她的表现力，如水墨一样淡色的五官，画着弯弯的细眉，有不知哪个年代的风情。

独具慧眼发掘吕燕的中国顶尖时尚造型师李东田说：“我第一眼看见她，就有震撼的感觉，她的面孔很少见，特别国际化，不同凡响，尤其她身上透出那种同龄女孩少有的自信和坚韧，让人一看就知道这是个Supermodel（超级名模）的料。”

然而，在李东田以前，从来没有人看好吕燕，即使上了好几个封面，吕燕在中国时尚界也没有得到多大认同，然而她天性乐观，而且很能吃苦，咬紧牙关等机会，辗转到了巴黎，在一点外语也不会讲、身边举目无亲的情况下，一个人摸着路每天到四五家公司面试，凭着坚强的毅力，硬在一个陌生的城市闯出一片天。

吕燕说："那时我才18岁，日子真的很难，也过得很不开心，常常觉得压力大得喘不过气来。可是想到中国那么大，人口那么多，我一个乡下女孩，能够从农村来到巴黎，已经非常幸运，心里就豁然开朗。反正我对未来一直有希望，这让我一次又一次地撑下来。"

多年的模特生涯锻炼了吕燕很好的时尚触觉，她正在努力寻找更多的发展空间，从模特，到品牌代言人、形象指导、拍摄电影……她甚至希望可以做一个成功的生意人，为此，她满怀激情地说："那些女CEO，都是我的学习范本。"

在男人眼中，吕燕绝不是美女，甚至把她认为是标准的丑女。然而，从名模变身形象指导，吕燕凭借自己的努力一步步走向成功。有记者问吕燕，有什么经验可以教给那些在恶劣环境下演绎美感的模特？她回答道："没有经验，就吃苦，死扛着。"国际媒体对吕燕的评价是"一半是天使，一半是魔鬼"，是绝对的气质美女。在东方人眼中的"丑女"，在国际顶尖设计师眼中却惊艳无比。游走在"绝色"与"奇丑"之间，吕燕给所有人上了一堂生动的励志课。

在密苏里的一所大学里，有一个女孩经常在晚上独自偷偷地哭泣，因为她实在太孤独了。然而若干年后，兴奋的人群如潮涌向她出现的任何地方。甚至于世界上每一个角落，都有数不清的人熟悉她的面容和名字。她就是露西尔·费伊·勒萨埃尔，你从来没有听说过吧？这是她的真名，实际上她就是妇孺皆知的好莱坞明星琼·克劳馥。

很早以前，露西尔不得不在斯蒂芬女子学校的食堂里做侍者，以此维持生计。遇到手头紧的时候，她还得向那位守门的妇女借五六毛钱作为零用。她不敢去参加任何晚会，虽然她也接到过请柬，因为她除了同学们送给她的旧衣服，就没有什么衣服可穿了。那时她郁郁寡欢，穷得连一件新衣服也买不起。

可后来，她的衣着是那么时尚和漂亮，世界各地的女人们都热烈地效仿着她，服装商们经常请求她在公开场合穿上他们新设计的时装，因为这样就能立刻使他们的服装畅销。

她对贫困的体会是那样深切，她体会过沦落异乡、孤苦无助的滋味，也体会过身无分文时挨饿的痛苦，她知道从贫困中挣扎出来要承受什么样的艰辛。那时候她生活在俄克拉何马州的劳顿，和小伙伴们用一些破旧的箱子，在马棚里搭了一个舞台，还点了一盏汽灯来模仿舞台的水银灯。当琼·克劳馥开始学习猫步的时候，她那惊人的事业就已经开始了。稍大一点时，她决心去接受更多的教育，于是就到密苏里州的斯蒂芬女子学校注册，但是她手中一分钱也没有。于是，她穿着别人不要的旧衣服；她在学校餐厅做侍者也只是为了免掉食宿费用。当然，现在那些从前冷落过她、看不起这位女侍者的同学说："噢，琼·克劳馥啊，我和她很熟，我们以前还是好朋友呢，我们俩经常一块儿去上学。"

从小到大的艰苦生活也没能摧毁露西尔·费伊·勒萨埃尔学习走上舞台的激情。她向人借了点路费，回到了堪萨斯城。她不辞劳苦地工作、攒钱，也锲而不舍地学习。多少年来，她刻苦学习各方面的知识，为了练习唱好各国的歌曲，甚至还学习研究法文、英文，并且开始减肥。她只是为了在歌唱艺术上做得更好。

对于自己的经历，连琼·克劳馥自己都感到很惊奇，她虽然出身贫寒，但现在她可以买下任何最昂贵、最精美的东西；虽然她曾在马棚的木箱舞台上学习演唱，但现在无论她走到哪里，都有成群结队的崇拜者追随着她；虽然她以前并不美丽，可后来她成了银幕上最靓丽的明星之一。

网络上曾经红极一时的芙蓉姐姐曾说过这样一句话："如果没有天生丽质，那么我就选择天生励志。"不要再相信美貌了，寻找一切机会充实自己吧。在竞争激烈的环境下，女人要把自己当做"蓄电池"，用电后要及时充上，因为优雅的气质与丰厚的知识底蕴是分不开的，而拥有智慧的气质女人永远都会吸引人们的目光。

莫把美貌当做长期饭票

美貌不是一个女人的长期饭票，因为外表只能仰赖一时，而智慧却可以让女人享用终生。唯有有智慧的女人才能把握住最幸福的生活。倘若一个女人的眼里只装得下穿衣、打扮这两件事情，那么无论她长得多么倾国倾城，都是悲哀的。一个只知穿衣、打扮的女子，她生活的内涵是空虚的，她人生的底蕴是单薄的。只有再加上"智慧"二字，才能把一个优秀的现代女性做得到位，做得出彩。一个依靠智慧生存的女人，她的美丽将永不褪色，因为美从她的内心发出。只要拥有智慧，女人便可随意依赖漂亮的容貌、华丽的衣饰、世故的笑声、张扬的喜色和无所不能的自信，来赢取她想要得到的一切。

俄国女皇叶卡捷琳娜二世拥有着天使般的容貌，她的眉目间有一种特别的神情，眼睛永远流露着智慧的目光。叶卡捷琳娜从懂事时开始，父母就给她找了一个法国家庭女教师卡苔莉小姐。除此之外，还有几个学科的启蒙教师：两位法国教师分别讲授宗教和书法；两位本地教师分别教授本国语言和音乐。在这些教师当中，卡苔莉小姐在叶卡捷琳娜的心中占有特殊的地位。叶卡捷琳娜说：“她认为我的下巴太长，若是向前伸出，很可能会碰上给我带来幸运的人。”卡苔莉不仅让叶卡捷琳娜读法国诗人拉辛、法国古典主义戏剧创始人高乃依和法国喜剧作家莫里哀的著作，同时也把自己的“头脑”或多或少地传授给了她，那是一个灵活、机敏、求实的“头脑”。

除了上述教育外，叶卡捷琳娜在少年时代还跟随母亲游历过许多欧洲城市，拜访了不少德国诸侯的宫廷，也见到过后来功勋显赫的弗里德里希大帝。宫廷中的明争暗斗、尔虞我诈，在叶卡捷琳娜幼小的心灵中早已打上了深深的烙印，这对于她日后在俄国宫廷中的不愉快生活，作了思想上的准备。总之，当时这位德国公主的教育和生活起点就是如此。

叶卡捷琳娜勤勉好学、功名心强。她远嫁俄国并不是为了爱情而是为了皇位。她在《回忆录》中写道：“彼得和我分离的话，他是不会惋惜的。鉴于他对我的态度，我对他几乎漠不关心，但我对俄国皇位却不是漠不关心的。”彼得生性轻浮，整天偷鸡摸狗，对叶卡捷琳娜的境遇不闻不问。宫廷里尔虞我诈、争权夺利的气氛以及她追求皇位的野心，使她在寄人篱下的逆境中，培养出坚忍的性格。她同寂寞作斗争的良师益友就是书籍。据叶卡捷琳娜自己说，当时她“无时没有书，无时没有痛苦，但却永远没有欢乐”。她借读书消愁，手不释卷，并研究体悟出了若想登上皇位就必须取信于俄国贵族的道理。

1761 年，叶卡捷琳娜的丈夫彼得三世登上了皇位，这使她向皇位靠近的机会来临了。彼得三世是个才能平庸、秉性顽劣、头脑简单的人。继位前，他几乎每天都身在醉乡，继位后，更加变本加厉，日益放荡不羁。他从德国到圣彼得堡都18年了，还讲不好俄语，并且经常以德国人自傲而看不起俄国人，甚至公开说俄国是一个讨厌的国家，因此大失人心。叶卡捷琳娜则与她无能的丈夫截然相反。自从她来到俄国后，从不为眼前的荣耀所眩惑，而是深谋远虑地为将来的皇位做准备工作。首先，她刚一到俄国就意识到，要待在俄国，要在俄国有所作为，就应当成为一个俄国人。于是她就拼命地学习俄语，据说为了学好俄语，她经常半夜起床温习功课。为了避免睡着，她就光着脚在房间里来回地走。结果，有一次着凉病倒了。在生命垂危的27天中，她允许医生放血治疗，有时一昼夜就放血4次。最后，她以坚强的意志和青春的体魄胜了病魔。她刻苦学习的行为和同疾病作斗争的精神，很快就赢得了宫廷人的好感。大家都知道她的病是怎样得的。一位年轻的姑娘，不畏严寒，光着脚，每夜学习斯拉夫文的音韵，这个形象是迎合人意的，并且具有传奇色彩。病愈后，她更加专心致志地学习俄国文学和俄罗斯语言。为了锻炼自己的口语能力，她特别喜欢和年老的妇女接触，而这些人在原来的宫廷里是得不到宠信的。她把她们请来，和她们进行长谈，既逐渐地养成了讲俄语的习惯，同时也把这一部分人变成了自己的势力。

除此之外，她还利用自己的地位和相貌，秘密地结交了一些情人，使他们成为她的意志、她的野心和她日益强烈欲望的奴隶。

1762年，叶卡捷琳娜巧妙地利用彼得三世上台后种种失策以及俄国贵族和军队对他的怨恨，依靠她的情人格里哥利·奥尔洛夫兄弟5人为首的一批近卫军青年军官，发动了宫廷政变，逮捕了继位只有6个月的彼得三世。叶卡捷琳娜抢夺了皇位，宣布自己是唯一权力无边的专制君主。彼得三世再三向叶卡捷琳娜求饶，表示愿意放弃王位并永远效忠于她，但并没有打动她，彼得三世惨遭横死。

据《苏联大百科全书》记载："叶卡捷琳娜执政后的主要任务之一，是镇压彼得三世。他在7月6日的一场酒醉斗殴中被人击毙，这场斗殴的组织者是被派来'保卫'他的阿列克赛·奥尔洛夫。"而这位阿列克赛·奥尔洛夫不是别人，就是叶卡捷琳娜的情人格里哥利·奥尔洛夫的弟弟，所以，彼得三世被谋杀的真正组织者是谁，是不问自明的。当枢密院发布彼得死亡的公告时，叶卡捷琳娜却装出第一次听说这个消息的样子，并在众人中间哭了很久。此后不久，叶卡捷琳娜为了铲除另一位皇位竞争者，又借故把已故女王伊丽莎白上台时废黜的伊凡六世杀死在施吕瑟尔堡监狱。这样，叶卡捷琳娜上台后只有几个月的时间，就彻底消灭了她的所有政治对手，坐稳了俄国皇帝的宝座。于是，33岁的叶卡捷琳娜用彼得三世的血衣剪裁出最气派的女皇长袍而成为叶卡捷琳娜二世。

叶卡捷琳娜天生就拥有着令所有女人嫉妒的容貌，但她还有一个足智多谋的头脑。这是一个智慧型的女人，她在众人面前总是高高昂起头，目光锐利如鹰，喜怒不形于色，一副善于驾驭所有人的气概。叶卡捷琳娜是在几乎没有受过正规教育的情况下登上权力顶峰的，但她却拥有知识和智力性的好奇心。在与彼得三世结婚后，她花了18年时间埋入书堆，去探寻纯粹的知识，她成为了18世纪许多知识分子的庇护者，其中包括伏尔泰、狄德罗、格林和波多米格。她致力于哲学和思想领域，资助第一本百科全书出版，并在自己的沙龙里款待哲学家和知识分子。叶卡捷琳娜尊重知识、尊重哲学和世界历史，这些助她奋斗，让她成为历史上伟大的女领袖之一。

当今的时代是一个需要知识和智慧的时代，唯有智慧，才能让你区别于众，才能在激烈的竞争中脱颖而出！有智慧的女人才是真正美丽的女人。台湾女作家曹又方说："女人之所以美丽，最重要的是聪明，不聪明的女人是不能长久美丽的。一个不那么美丽的女人，如果她聪明的话，她迟早会在我们心目中变得特别美丽，因为美丽实在是一种感觉，不是简单的物理量，而是一个心理量。"

女人因智慧而美丽

我们不得不承认，美丽的外表对大多数女性的成功起到了关键性的作用。大多数女人生来就注重容貌美丽，希望借助发型、打扮和穿着引人注目来取悦于人。几乎所有的女人都对自己是否美丽极其敏感，通常情况下，女人比大多数男人更多地了解和欣赏美丽的外观，在《美丽的神话》一书中，诺米·沃福指出，女人是对自己外表"极不满的挑剔者"，而男人则对自己外表"非常满意"。沃伦·法雷尔在《男人何以如此行事》中说："事业赋予男人以权力，美貌赋予女人以权力。"于是，女人很小时便意识到自己生活中通往成功的道路要靠容貌和美色，因而她们会不惜工本竭其所能地追求美丽。

不过我们发现，那些取得成功的女人并非凭借美貌，而是靠智慧。如前面所说的叶卡捷琳娜几乎是在没有受过正规教育的情况下登上权力顶峰的，但她却拥有知识和智力性的好奇心。她花了 18 年时间去探寻纯粹的知识，她尊重知识、尊重哲学和世界历史，这些帮助她成为历史上伟大的女领袖之一。

让我们再看看下面三位美女，玛丽亚·卡拉斯，简·芳达和奥普拉·温弗雷，她们都有一个共同的特点，那就是都未受过正规的教育，但在娱乐界大获成功。难道真的是美貌起了作用？那可未必。想想玛丽亚·卡拉斯，当她 13 岁从曼哈顿 8 年级毕业时，她的正规教育也就此结束。玛丽亚的母亲借助家庭关系为她争取了声名卓著的皇家音乐学院的奖学金，玛丽亚在那儿师从著名的西班牙歌剧女演员爱尔维拉·德希德戛学习。卡拉斯后来说："我成为演员和歌唱家的基本培训及艺术修养都归功于爱尔维拉·德希德戛。"16 岁时她在音乐作品表演中首次获奖，开始靠嗓音赚钱。第二次世界大战期间，她一直在雅典立莱克剧院演唱，在动荡不安的日子中维持着家庭生计。1941 年 19 岁时，玛丽亚演唱了第一部歌剧《托斯卡》，赚取了丰厚的 65 美元报酬。

卡拉斯有严重的近视，她 7 岁时便戴眼镜，18 岁时几乎就看不清东西，像其他许多伟大创造天才一样，玛丽亚将弱点变成长处。因看不清指挥棒，她转而记下每段音节、每个字符。凭借这个，她成为完全灵活自由的表演者在舞台上表演和活动，而不用注意指挥。她获得完全的自由，而这一点是那些视力好的表演者无法做到的。这位内向、直觉、感情型的女性取得了巨大成功。由于对所有事情都坚持不懈地努力，这位彻底的完美主义者达到了歌剧世界的最高境界，她以其才能和优雅改变了歌剧世界。而她从零开始，改变自己的弱点——她那火山般的个性——以前所未有的积极力量照耀着舞台，她对创造天才和革新的特殊贡献是其追求出色的直觉感。然而歌剧界的这位艺术大师早在她在世时便"消亡"了，这是歌剧界的不幸。当 1977 年 9 月 16 日她去世时，广播宣布："世界之声沉寂了。"她将歌剧变为戏剧，以自己戏剧性的死亡，将顶级艺术家的角色演到最后一幕。

这些成功的女性证实了爱迪生的格言，我们可以套用这句格言：是勤奋而不是美貌才是通往成功的金钥匙。她们功成名就了，但这只是因为她们愿意年复一年，无休止地勤奋工作，以此来实现自己的目标。

实际上，自从埃及艳后用美貌迷惑马克·安东尼后，美丽女性的信用问题一直存在争议，每个女人都应为获得成功责无旁贷地挖掘自己的所有资本，只要她不致滥用过度，或采取不公平或不适当的方式，并愿意像那些成功女性那样朝着目标坚定地努力工作，就有可能获得成功和自己想要的生活。

女人必须要有内核，有内核才会显出丰富、厚重和深刻。古往今来，一切成功人士最大的特点都是有一个博大、独特、坚实而深刻的内核。曾有人这样概括现代女性的魅力：高雅而不自负，温顺而不乏个性，活泼而不轻浮，开朗而不粗野，热情而不放荡，成熟而不世故，富于同情心而不懦弱。健康的生命情怀孕育高雅的人生格调。在永久性的事物中，给予我们最大的机会是能够把握住自身的变化、发展；给予爱情最大的机会是能够容忍生活的波折，而且学会在生活的波涛中体验快乐。单纯的天生丽质只是开拓美丽人生的一方面条件，要想让美得到扩展、升华，具有持久力，必须依靠后天的学习努力，才会变得更美丽。

学“坏”一点儿，但要“坏”得让人爱

“坏女人”总是很抢眼，但事情的真相是，其实她们并不是真的坏，她们只不过是在吸引男人的注意力。适度的“坏”一直有着奇异的魅力，聪明的“坏女人”知道如何“坏”得让人爱，而不是让人烦。成熟的“坏女人”可能会把“坏”写在脸上，但绝不会把“坏”写在心上。

张爱玲曾说：“如果你不调戏女人，她会说你不是一个男人；如果你调戏她，她又说你不是一个上等人。所以男人们只好选择：宁愿不做上等人，也要先做个男人，哪怕是个坏男人。”当然不管是好男人还是坏男人，上等男人还是下等男人，一律都喜欢有点邪气、有点“坏”的女人。

“坏女人”总是很特别，她们独立自我，把自己放在最重要的位置，男人对她们来说最多只能处在第二位；她们很有头脑，不会因为爱情而混乱；她们有自己的人生目标和规划。男人看到了会觉得这种女人很聪明，有智慧，独立有个性。总之，她们给男人一种“别靠近我”、“我很危险”的感觉。男人欲罢不能的原因就是他们想要接受挑战，想要征服桀骜不驯的特别女人，满足他们的成就感。在男人眼中，“坏女人”总是让人又爱又恨。

身为女人，一定要知道自己到底想做一个什么样的“坏女人”。有一种“坏女人”总能招人喜爱，而有一种却遭人厌烦，甚至是记恨。大多数的男人都愿意接近前者，而对后者唯一的解决办法便是和她斩断关系，否则就难逃悲惨的命运。传染性格的类型虽不局限于女人（这与性别无关），其根源在于内在的不稳定因素向外扩散，为自己和他人招来灾难。因此，你要学做一个让人爱的“坏女人”，而不是一个遭人烦、总给人带来厄运的“坏女人”。

会“坏”的女人少，成熟的“坏女人”更少

聪明的“坏女人”特别会历练男人。不管她们经历了多少男人，她们都知道男人的软肋在哪里，知道男人的死穴在哪里，知道男人的每一根神经在哪里！知道男人为什么高傲，为什么自卑，为什么疯狂，为什么忧伤，为什么兴奋。正因为如此，这些“坏女人”会将像糊涂虫、色鬼、钱袋子、假圣人这样的男人历练成一个真正的男人。

而有些“坏女人”却不是这样，她们虽然也懂得如何掠取男人的心，会玩得男人筋酥骨软、俯首称臣、忘乎所以、灵魂出窍，但她们却总给男人带来麻烦，这样的女人时间一长也必然会给自己招来厄运。巴尔塔沙·葛拉西安曾说过这样一句话：“厄运通常是愚蠢招致的，对于倒运的人来说传染性极高。因此勿以恶小而开门，因为其他大恶就在门

外伺机而入。重要的是应该知道哪些牌应该丢掉，最不起眼而能制胜之牌比最好而能致败之牌更为重要。心生疑虑的时候，接近那些睿智明慎之人是上策，他们迟早会走好运。”

1818 年诞生于爱尔兰的玛利·吉伯特，于 1840 年来到巴黎，以舞蹈演员的身份开始自己的事业生涯。她取了一个艺名叫萝拉·蒙蒂茨，声称自己是来自西班牙的吉卜赛女郎。到了 1845 年，她的事业开始走下坡路，为了生存，她成了上流社会的交际花。

当时有一个人可以挽救萝拉的舞蹈生涯——杜耶瑞，法国发行量最大的报业大亨，同时也是一位艺术评论家。她决心追求他，让他拜倒在石榴裙下。她调查他的生活习惯，发现杜耶瑞每天早上都会去骑马，而她自己正是出色的骑师。有一天早上她外出骑马，与杜耶瑞“不期而遇”，不久两个人就每天一块骑马，几星期之后萝拉就搬进了杜耶瑞的公寓。

两人快乐地生活了一阵子，在杜耶瑞的协助下，萝拉开始重振她的舞蹈事业。尽管会影响自己的社会地位，杜耶瑞仍告知朋友，会在春天迎娶萝拉。然而萝拉却从未告诉他，自己在 19 岁时与一名英国人私奔，在法律上仍然是已婚身份。杜耶瑞深深地沉浸在爱河里，而他的生活和事业却开始走下坡路。

他在事业上的运气变差了，有影响力的朋友渐渐地开始回避他。一天晚上杜耶瑞受邀参加宴会，与会者有许多是巴黎最富有的年轻人。萝拉也想去，杜耶瑞没有同意，于是他们爆发了第一次激烈的争吵。杜耶瑞单身出席了宴会，并在会场上醉得一塌糊涂，侮辱了一名颇具影响力的艺术评论家博瓦隆，起因是他批评了萝拉。第二天一早博瓦隆就约杜耶瑞决斗，博瓦隆是法国最厉害的枪手之一，杜耶瑞虽尝试道歉，然而决斗还是举行了，他被射杀身亡。巴黎社会最有前途的一名年轻小伙子就这样结束了自己的一生；萝拉也狼狈不堪地离开了法国。

1846 年萝拉来到了慕尼黑，她决心追求巴伐利亚国王路德维希，她发现接近路德维希最好的方法是通过他的侍从官雷亨伯格。这位侍从官生性好色，有一天他在户外咖啡店用早餐时，萝拉骑着马“不小心”摔下来，倒在雷亨伯格的脚下，雷亨伯格赶忙扶她起来，即刻就为她倾倒，他承诺将把她介绍给路德维希。

雷亨伯格安排国王接见萝拉，当她抵达会客室时，国王却推说自己太忙了，无法接见寻求恩宠的陌生人。萝拉推开卫兵，不顾一切地闯进国王的房间。在这一过程中，她的上衣被撕开了，赤裸的胸部袒露出来，令所有人惊骇万分……

萝拉终于获得国王的接见，55 小时之后，她在巴伐利亚的舞台上首演。尽管评论糟透了，但依然无法阻止路德维希为她安排更多的表演。

路德维希自己形容受到萝拉的“蛊惑”。他挽着她公开亮相，而且在慕尼黑最繁华的大道上为她购买了一套公寓。虽然他以小气闻名，而且不热衷于声色犬马，但却开始送萝拉各式各样的礼物，并且写诗给她。

在国王的宠幸下，萝拉的自我意识膨胀起来。有一天她外出骑马，一名老者走在前面，速度很慢，她竟然拿起马鞭抽打他。另外一次，她带着一只狗外出散步，却没有紧上皮带，狗疯狂地攻击行人，她非但没有将狗拉开，反而用皮带鞭打行人。这种蛮不讲礼的行为触怒了巴伐利亚的市民，但是路德维希却痴迷地支持萝拉，甚至将她归为巴伐利亚市民。路德维希的随从人员曾试图提醒他，让他意识到这桩恋情的危险性，然而那些批评萝拉的人立刻遭到开除或惩罚。

曾经爱戴他们国王的巴伐利亚人开始公然不尊敬他了，而路德维希却依然故我册封萝拉为女伯爵，为她盖了一座宫殿，让萝拉开始涉足政治、参与国事。萝拉在国王内阁中的影响力持续扩张，而且以傲慢的姿态对待其他大臣。结果，全国各地爆发叛乱，和平的国度陷入内战的边缘，人们高呼："萝拉！滚出去！"到了 1848 年 2 月，路德维希终于无法抗拒压力，万分悲伤地命令萝拉立刻离开巴伐利亚。她答应了，但是得等到她拿到足够的报酬之后。接下来的 5 个星期，巴伐利亚人的怒火转向了他们以前爱戴的国王。同年 3 月，路德维希被迫退位。

萝拉移居英国。她最需要的是体面的社会地位，尽管她没有跟她多年前一起私奔的英国人办理离婚手续，仍然将目标瞄准了希尔德——一位前程远大的年轻军官，其父亲是一名影响深远的律师。虽然他比萝拉年轻 10 岁，可以在英国上流社会选择年轻貌美而且家财万贯的少女为妻，但希尔德迷恋上了萝拉而不能自拔。他们于 1849 年结婚。很快萝拉以重婚罪遭到逮捕，她弃保逃亡，和希尔德来到西班牙。新的生活远远没有他们想象的那样美好，他们开始发生争执，并且越来越严重，有一次萝拉甚至拿刀子刺伤希尔德。最后，她把他赶走了。希尔德回到伦敦，发现自己不仅失去军职，而且遭到上流社会的唾弃，只得移居葡萄牙，过着贫苦的日子。几个月之后，在一次意外的翻船事件中，结束了短暂的一生。

1850年，伦敦要上演莎士比亚撰写的《麦克白》，由当时最出色的戏剧演员主演，社会上所有名流显要都将出席，据说连维多利亚女王和阿尔伯特亲王都会亮相。当天所有人都依习俗在女王抵达之前入座。然后，在女王进入王室包厢时，遵循传统起立鼓掌欢迎，当掌声停息后，女王和亲王向大家颔首致意。没想到当大家落座后灯光暗下来时，突然维多利亚女王对面的包厢里，一位女士从阴影中现身，她竟然比女王还要晚入座，这位女士正是萝拉·蒙蒂茨。人们惊诧地窃窃私语，但见到女王与亲王故意回避不去看时，观众赶紧追随维多利亚女王。自那晚以后，再也没有人理睬蒙蒂茨，因为上流社会没有一个人敢冒大不韪被人看见和她在一起，她所有的魅力都逆转了，在英国的远大前程就此结束了。

萝拉以她独有的个人魅力诱惑了她所接触的所有男人，对他们的主宰超越了情感范围；她的魔力，使得那些情人如痴如狂。男人被卷进她的情感旋涡中，常常感到迷惑、烦恼，然而她所激荡出来的情绪强度也令他们感觉更有生气。

就像感染病毒一样，时间久了问题就会逐渐浮现。萝拉天生不稳定的情绪开始影响她的情人的心情，最后他们都发现自己陷入她的困境中。他们对她的情感依附使他们竭力想帮助她摆脱这种心理困境。但是谁也帮不了萝拉，因为她的问题太复杂太深邃了。一旦她的情人认同她的问题，就会发现自己已卷入这种纷争之中，仿佛传染病一样还会散播到他的家人和朋友，甚至像路德维希一样——散布到整个国家。

萝拉·蒙蒂茨的好日子也未能维持多久，她最终因自己的愚蠢断送了自己的舞蹈事业，同时也遭到所有人的记恨。

做个“无情”的柔情女

这个世界上“坏女人”并不多，而善良的“坏女人”则更是少之又少。乔治·桑是一个具有强烈个性的女人，她蔑视传统，饮烈酒，抽雪茄，爱骑马，喜欢穿男装，骂起人来满口粗言秽语，谈情说爱时却百般柔情，千般风流。因而，在她的石榴裙下，总是围绕着一大群崇拜她的男人，也让很多男人产生酸葡萄心理，有人赞美她，有人诅咒她。直到现在，乔治·桑都是男人常常提起的名字，谈论她作为女人，作为情人的历史参考价值。

也许她的爱太博大了，总是包含着男女欢爱，无私的母爱，以及浪漫的精神之爱，几乎没有一个男人能够独享，或者完全理解。包括肖邦和缪塞那样天才的男人，因为他们深爱乔治·桑却又不得不离开她，而又终生难忘。乔治·桑说，爱情是一座圣殿，那是恋人给一个多少值得自己崇拜的对象建造的。而殿中美丽的东西，不是神灵，而是祭坛。对乔治·桑而言，这个祭坛，是为离去的男人而设置的。

1831年，一个名叫奥罗尔·杜班的年轻女士离开丈夫和乡下的家，移居巴黎。她一直希望能成为作家，而婚姻生活让她觉得不比监狱里好到哪里去，因为婚姻让她既没有时间也没有自由来实践对理想的热情。在巴黎，她可以独立自主，同时靠写作为生。

然而，在奥罗尔·杜班抵达巴黎后不久，发现自己必须要面对一个严酷的现实——没有钱。任何人想要在巴黎拥有自由，就必须拥有金钱。对当时的女人而言，金钱的来源有两个：一是来自婚姻；二是卖淫。没有女人是依靠写作就能满足温饱的，写作对于一个女人而言只能是一个爱好，而不是一个职业，更何况要完全仰赖丈夫的支持。事实上，当奥罗尔·杜班第一次把作品拿给一位编辑过目时，对方就告诉她："夫人，您应该生孩子，而不是写作。"

奥罗尔·杜班来巴黎的梦想显然不是为了重回婚姻生活，成为作家的梦想几乎成为一项不可能完成的任务。然而，这位聪明的女士想出了一套策略以从事没有女人曾经成功的职业。这项策略就是完完全全地改变自己，她把自己按着构想塑造成一个公众形象。在她之前的女作家都必然会被迫进入预设的角色里，所以她们只是二流艺术家。奥罗尔·杜班下定决心，如果她必须扮演一个角色，那绝不是一个有钱男人的妻子，而是扮演一个"男人"的角色。

1832年，一名出版商接受了奥罗尔·杜班第一本重要小说《印第安娜》。她选择用笔名"乔治·桑"来出版，该书出版后大获成功。所有巴黎人都以为这个令人印象深刻的新作家是男性，在创造"乔治·桑"之前，奥罗尔·杜班就开始穿着男性的服饰，并像男人那样给自己添置了男性的长外套、灰帽子、皮靴和花花公子的领带。她也像男人那样抽着雪茄、喝酒，并且谈话的方式也表现得像个男人，不害怕任何场合，而且也使用极为傲慢的字眼。

这位奇特的作家立即红遍整个欧洲，奥罗尔·杜班没有像其他女作家那样，她发现自己越是像一个男人那样抽烟喝酒、大声说话，越得到男作家圈子的接纳，甚至与当时欧洲最著名的艺术家，如法国诗人缪塞、匈牙利钢琴家李斯特和钢琴家肖邦都发生风流韵事。追求与遗弃都是由她主动——她根据自己的判断行动。

乔治·桑和缪塞相识在一场盛宴上。开始，是乔治·桑崇拜缪塞的，她的小说《莱莉亚》问世，扉页赠言是送给缪塞，并自称忠诚的仆人敬赠。为了爱，她忍受了这个比自己小6岁的诗人的所有任性和不忠，他常常整夜不回家，宁愿在下流的妓院眠花宿柳。

当乔治·桑与出版社签订了出版协议，书稿一定要按时完成时，她却病了。好不容易等缪塞回来，却拿了钱就要走。乔治·桑哀求，能留下来么？陪陪我。谁知缪塞却说，是你不满足我的，不要怪我。说完扭头就走。但是，到了晚上，缪塞又闯进门来，头上脸上满是血，说，救救我吧。乔治·桑知道，他是在妓院里，因为争风吃醋挨打的。而他始终是一个需要保护的孩子，她用博大的胸怀接纳了他，为他疗伤。

之后，缪塞痛悔自己失去乔治桑的爱情，并在《一个世纪儿的忏悔》中，借男主人公之口忏悔道："亲爱的人儿，虽然我们不会互相原谅，我们也不会互相忘记，即使我们永不再相逢。"乔治·桑深为感动，刚读到这部小说的一半时，就已泪雨滂沱，泣不成声。读完后，立即给缪塞写了一封便笺，她说："我已原谅了你的过去，但也永不会和你见面。"

乔治·桑与钢琴家肖邦的相遇，更是造就了艺术史上的一个传奇。那一年肖邦28岁，乔治·桑34岁，他们在一起"亲密无间"地生活了9年。肖邦对她的第一印象并不好，但不久就被她的魅力所征服。肖邦在遇到乔治·桑之前，在孤寂中生活，又无法摆脱对爱情的渴望。忧郁的阴影笼罩着他，思想变得懦弱，想象变得苍白，灵感几近枯竭。当他遇见乔治·桑时，肖邦第一次得到无微不至的关怀，这也是他一生中最幸福安定的时期了。肖邦创作上的成熟、智慧和力量的全盛时期也终于来到了。不过，这场爱情最终还是破裂了。肖邦与乔治·桑分手之后，他再也没有写出哪怕一部重要的作品。肖邦对乔治·桑只有爱情，他不能忘记乔治·桑。在生命的最后一刻，他还说："我真想见她一面……"

熟识乔治·桑的人都了解她的男性化身能保护她免于大众窥视的目光。在外面的世界，奥罗尔·杜班更乐于将这个角色扮演到极致，但私底下她仍保持着一个女人的本色。曾经与她为伴的熟人和艺术家，都感觉乔治·桑在他们面前是一名男性，然而在她的日记里，以及密友面前，例如在法国小说家福楼拜面前，她坦承自己无意成为一个男人，只是扮演这个角色供大众消遣，或者是吸引更多人的注意。她真正想要的是决定自己人格的权力，她拒绝社会企图加诸于她的限制。

奥罗尔·杜班不仅是一个聪明的女人，还是一个温柔的女人，她懂得如何宽容自己爱的人。就像容忍缪塞的浪荡一样，乔治·桑对于肖邦也是如此宽容。连肖邦自己都说，"我是一个蘑菇，看上去可食，但你若胆敢采去咽下，蘑菇便会毒性大发"，甚至有人称他为道德的吸血鬼。但是无论肖邦多么自私、狂躁而病恹恹，乔治·桑还是容纳他、抚慰他。也许只有到了生命即将结束时，他才真正懂得这种爱。在肖邦离开乔治·桑 3 年之后，在他逝世时，他喃喃自语："桑说过，要我死在她怀抱里的。"

有人说，是乔治·桑点燃的爱情之火，使肖邦的创作天才燃烧起来。也有人说，是这个女人过于热烈的爱情使肖邦的疾病更趋恶化，英年早逝。有人赞美乔治·桑是伟大的女性，也有人诅咒她是放荡的淫妇。但这又何妨，乔治·桑的一生活得如此精彩，在外人眼中，她是一个打扮出位的“坏女人”，但她却让世界上两个伟大的男人都懂得了什么是真爱。

学做成熟的“坏女人”

其实，我们所讨论的“坏女人”并非是真的坏，而是希望女人知性、自信。在女人的善良可以被人廉价典当的时代，在女人的信任可以被人利用的时代，在女人真挚的情感可以被男人随意玩弄的时代，女人必须要“坏”一点。不过要知道，若想做一个善良的“坏女人”，是将“坏”写在脸上，而决不是把“坏”写在心上。

一个真正善良的“坏女人”应该是“无情”的柔情女。“坏女人”是感情的主人而不是感情的奴隶！“坏女人”练就了一身硬功夫，练就了金刚不坏之躯，练就了一个不可测的心理世界。但她表现出来的应该是柔情无比，是纯洁，是善良，是真诚，是美丽。

一个真正善良的“坏女人”应该是一个坚定冷静的女人。不论她处在什么环境，都不会忘记自己的目的和欲望。即使追求目标的过程再曲折，结果却不能离奇，她要的就是要。因为冷静，才不会被别人的情绪或意见所左右；因为冷静，所以温柔又得体。更重要的是，因为冷静，她们才不会在众多的爱中迷茫，知道哪份爱真哪份爱假。她们总能透视男人的心，从众多的爱里找出一份最适合自己的，经历体验并享受着，和那个真正爱自己的人，彼此看着对方慢慢变老！

一个真正善良的“坏女人”应该是一个没有遗憾的女人。大多数女人最怕自己一错再错，只能从众去选择最好的，而不能特立独行作一个最好的选择。人生不可能完美，但可以做到没遗憾。“坏女人”不会有遗憾，因为她们从来不会欺骗自己，自己不欺骗自己，别人就无法欺骗自己，更不会有成千古遗恨的一次失足。

最重要的是，一个真正善良的“坏女人”应该是一个可以历练男人的女人。会“恋”男人并不重要，重要是会“炼”男人。也就是说，你应该选择做像乔治·桑这样可以锻炼男人的女人，而不是学做像萝拉·蒙蒂茨这样诱惑男人的女人。因为前者永远招人爱，后者只能遭人厌烦和恨。

生育是女人的特权，而不是义务

生孩子并不是天经地义、理所当然的事，聪明的女人从不把生儿育女看成义务或不可逃脱的命运，而是看做一种值得为之工作的特权，就像男人为了获得自身的权利而工作那样。她们无论是否选择生育，都是在行使一种自愿选择生活方式的特权。

从童年到青春期，女人对母性的态度经历了几个阶段：对于小女孩，做母亲是奇迹和游戏，布娃娃代表未来的孩子，她可以占有它，可以随心所欲地对待它；对于少女，做母亲则似乎成了她们逃脱不掉的命运，也成了她们应尽的职责；到了成年，绝大多数的女人在生儿育女方面的选择余地越来越小，她们认为生育是自己的天职，更可悲的是，有些女人生来就认为生儿育女是自己的义务，却不认为这是一种特权。绝大多数的女性生不生孩子并不完全由自己来决定，而是将此项特权全权交给其他人，这些人也许是她们的配偶，也许是那些告诉她们女人就应该生孩子的人。

孟德斯鸠曾说："最好把国务而不是家务交给女人，因为只要有机会，女人就会和男人一样有理性、有效率。通过抽象思维，通过计划行动，她们最容易超越自己的性别。"就生育问题而言，要女人逃脱身为女人的过去，取得对生育的自主权并不是非常困难的。一些女人认为，生孩子并不是天经地义、理所当然的，谁都有权利来维护自己的生育权。她们从不把生儿育女看成是义务或不可逃脱的命运，而是看做一种值得为之工作的特权，就像男人为了获得自身的权利而工作那样。当她们为一个家庭贡献了一个孩子时，如果照料孩子只占用她们部分的时间，而让她们在其他时间自由涉足自己感兴趣的领域，她们也会选择生育。因为生儿育女并不是女人要投入全部身心的工作，而是一种自主选择生活方式的特权。

今天，社会给女人带来更多的机会，同时也赋予了女人越来越多的权利，她们有权选择要不要生育，这是她们的天赋权利。

生育是一种特权

当一个女人该不该生孩子的事要由别人来决定时，一般来讲，大多数女人都会被迫接受别人的意见，行使自己的"天职"，对胎儿的职责，对丈夫的职责，对医疗部门的职责……于是，她们的自主权也就成了最不重要的考虑。

有一些女人却认为，违背自己意愿而怀孕，就等于眼睁睁地看着你自己的生命突然失控。当务之急就是赶快停下来，听听自己真实的想法，以免自己崩溃。如果女人想做一个成熟的人，她就不能让别人左右自己的生命。本来不想做母亲，却成了母亲，那生活就像奴隶或被豢养的动物一样没有自主权。

大多数的女人都希望在合适的时候生育，或者不生育，然而有一些女人却被误导，以为生育就是她们的职责，忘记了这种权利完全应该由自己掌控。怀孕首先是女人本人身体里演出的一场戏剧，她们觉得这既是一种幸福又是一种伤害；如果某些东西女人不知道，这种东西就会伤害她们。如果女人自问是否有任何希望把义务强加在男人头上，要他们保护女人的生育权利和健康，并避免每天不计其数的妇女不情愿地生育或堕胎，女人就会看到自己有多么不自由。从最年轻到最年老的女人都意识到，在亲密关系上强加条件，那就会比本来已得到的还要少，所以真正自主的女人都知道，必须作好思想准备，不需要男人批准，也不需要征求男人的意见来自己决定是否生育。

因扮演《沉默的羔羊》一片中女探员克拉丽斯而荣获奥斯卡最佳女主角的著名影星朱迪·福斯特是一位单身妈妈。她曾自导处女作《神童泰德》，就像绝大多数导演的处女作一样，她选择了一个带有强烈自传色彩的故事——一个没有父亲的天才儿童是如何在单亲家庭环境中成长的。福斯特本人在其中扮演了那个单身母亲，一个又抽烟又喝酒，讲话粗俗的女侍者，她对儿子爱得很深，她坚持认为孩子的父亲是谁并不重要。

当个有想法的母亲，对朱迪来说再熟悉也不过。在她还没有出生时，父亲就无情地离她们而去。母亲从小就一直对她灌输男人都不是好东西的思想，这或多或少影响了她对男人的态度和她的感情生活。不过，这并没有影响朱迪·福斯特要当一个母亲的想法。

多年来，朱迪·福斯特的感情生活一直像个谜，尽管她也曾传出绯闻，但最后都不了了之。关于这位美女最轰动的新闻莫过于她未婚生子一事，她从来没有对外透露过孩子的父亲是谁，在朱迪·福斯特看来，孩子的生理学源头到底是谁已经不是那么重要了，她只想做一个母亲。

为了儿子，朱迪·福斯特不惜斥资数千万美金，通过 SNG 卫星直播监视器，24 小时照看他。医生随时待命，家里还有两位全职保姆。可以说，朱迪·福斯特为了儿子不惜付出一切。

未婚生下儿子查尔斯的朱迪·福斯特，于 2001 年 9 月 29 日又生下了老二基特。和其他孩子不同的是，这两个孩子的出生证明上都未记载父亲的名字。然而，这对小兄弟却是亲兄弟，因为朱迪对大儿子查尔斯太满意了，所以她又去同一家医院的精子库，用同一匿名捐赠者的精子生下了老二基特。

为了当母亲，朱迪减少了拍摄电影的时间。在生下儿子后，她大部分时间用来带孩子，享受当妈妈的喜悦。朱迪承认，当了妈妈后，自己变成了很谨慎、很小心的人。朱迪认为，孩子们也许永远也不知道爸爸是谁，但至少他们知道彼此是同父同母的亲兄弟，她给小查理和基特双倍的爱，足以让他们快乐地长大成人。

在好莱坞曾流传着这样一句话：“如果谁能够征服朱迪，就没有不能征服的女人了。”有一段时间，一位具有绅士风度的男子罗素·克罗经常与朱迪结伴出入各种场合，朱迪毫不掩饰对罗素的崇拜与喜爱，这在被人们认为不喜欢男人的朱迪身上是极为罕见的，后来甚至传出朱迪怀上了罗素的孩子的谣言。而朱迪却说：“罗素只是我孩子的好朋友，却不是他们的父亲。”

尽管朱迪已是位超级明星，作为导演，她的知名度也在提升，但她仍然自己驾车、做饭、洗衣服和带孩子，坚持自己的生活方式。朱迪承认孩子对她的改变就好像是变魔术一样，“当我制作、筹拍一部电影时，我本来只要花一点时间便可办妥。但我现在已不能再这样了，皆因我将所有的注意力都集中在儿子身上。”“我与任何一位美国的家庭妇女一样平常。我近乎神经质地渴望尽可能地做一个真实的人。”这也许正是这位好莱坞才女的真正魅力所在。在她的想法里，所谓的家庭，就是一个成员间彼此相爱的团体。朱迪·福斯特以独特的生活方式成为这个浮华世界中的坚定的独行者。

人的生育权利与生俱来，先于国家和法律，即使是单身女性做妈妈的权利也不能剥夺。现代女性越来越独立，而且独身女性也越来越多，孩子是生命的延续，不能只看做爱情的结晶，女人不结婚就被剥夺生育权，这种做法很不人道。当今社会女性越来越趋向“独立自主”，她们有权定位自身价值，有权选择是否独身，也有权决定是否生育。

根据自己的意愿来作出选择

不幸的女人在生儿育女方面没有丝毫选择的余地，她们为男人生孩子，男人也把她们当成了制造婴儿的机器；可悲的女人一生下来就认为生儿育女是自己的义务，却不认为这是一种特权，于是在孩子的成长过程中不得不背上沉重的精神包袱。而卓越的女人从不把生儿育女看成是义务或不可逃脱的命运，而是看做一种值得为之工作的特权，就像男人为了获得自身的权利而工作那样。

贝克汉姆和维多利亚夫妇永远是新闻界关注的焦点，他们的任何风吹草动都能引来无数记者的关注。当初他们还没出生的孩子都能成为记者们议论的话题，当年维多利亚希望为儿子布鲁克林生一个弟弟或妹妹的事早就不是什么新闻。她曾经表示，如果个人演唱生涯起步的话，她将推迟生孩子的计划。而维多利亚的首张个人专辑的销售情况非常糟糕，这张承载了她巨大希望的唱片竟然仅排在第十名。不过她的丈夫贝克汉姆似乎不大欣赏维多利亚坚毅不屈的精神，终于他向妻子下了最后通牒，要她放弃事业，收拾心情与之努力生育后代。

当时贝克汉姆之所以突然下命令，全因为他听从了前英格兰诺丁汉森林队主教练布莱恩·克拉夫的话。布莱恩·克拉夫担心贝克汉姆过于丰富多彩的生活方式会很快终结他的职业生涯，特别是一旦福格森不再担任曼联主教练后。

克拉夫曾将诺丁汉森林队从一支乙级球队带成连续两届欧洲冠军杯冠军，他相信福格森的影响。帮助贝克汉姆稳定度过了与“辣妹”维多利亚结婚后的“动荡时期”，这一对英国金童玉女的婚姻给媒体提供了用之不尽的题材。克拉夫预计，当福格森不再担任主教练而是在曼联俱乐部从事其他工作后，贝克汉姆将失去一盏指路灯。

克拉夫在他的《比赛日》杂志专栏中给贝克汉姆指出解决的办法：与曼联签一份新合同，让维多利亚多生几个孩子。“这些日子我非常注意地观察了贝克汉姆，”克拉夫说，“我想他正处于人生的十字路口，他伟大的足球天赋和专业精神有可能与他的生活方式发生冲撞。我想贝克汉姆是曼联一位极具天分的球员，福格森对他的工作做得非常好，必要时可以压得住他，贝克汉姆也将所有社会活动处理得非常好，但福格森退休后会发生什么呢?”

克拉夫当时这样提醒贝克汉姆：“他应该与曼联签一份新的长期合约，说服他的妻子多生几个孩子，尽可能多休息。这些都做到后，他应该引导‘辣妹’向歌唱老师的方向发展，因为她的工作与她的丈夫做得一样好。”

维多利亚当时没有反对这个建议，而是接受了它。这个聪明的女人不希望别人认为她是贝克汉姆的附庸，她觉得自己热爱工作。但她更愿意与自己的孩子一起，带他们去公园玩，带他们买玩具，享受做一个母亲的快乐。就当英国“辣妹组合”的成员开始计划重组“辣妹”并巡演时，在维多利亚那里碰了钉子，因为维多利亚已经不可能把时间全花在和女友一起在台上蹦蹦跳跳了。为此，维多利亚说道：“我喜欢和宝贝们在一起做任何妈妈做的事情，我希望他们像其他小朋友一样，健康地长大。”

对于贝克汉姆和维多利亚这对明星夫妇来说，事业也许是最重要的，但我们不难看出在维多利亚事业上遭受挫败之后，不得不听从贝克汉姆的建议在家生孩子。贝克汉姆希望她为自己生 4 个孩子，反正他们在赫特福德郡的豪宅有的是地方。尽管身为大牌明星，维多利亚一开始显然不情愿地担当起了生育的义务，她就曾多次对记者说：“我的歌唱事业早晚得毁在他们父子手里。”言辞间流露出对丈夫的不满。不过一段时间后，维多利亚的态度来了一个大转弯，她认为人生最大的幸福就是和家人在一起。由此可见，维多利亚完全是根据自己的意愿来选择是否生育的。

作为女人时刻都要认识到这一点：生儿育女不是女人的天职，而是女人的特权。一个自主的女人知道，除非生孩子对于她有着特殊的意义，否则她不可能同意生出生命。更重要的是，能够认识到这一点的女人，也是有责任心的女人，这对她们承担养育后代的职责有着十分重要的意义。而有一些女人喜欢对她们所照料的孩子行使母亲的权威，却无意承担各种责任。即便有了孩子，这些女性也不愿意自动地承担起养育下一代的责任。

一位真正有责任心的女人，绝不会把生育当做儿戏，更不会放弃这种特权。既不为一味地为男人生孩子，也不会让自己做一个“生育机器”。她们懂得尊重自己，不管将来会作出什么样的选择，她们都会为此负责到底。也就是说，她们不想生育时绝不会违背自己的意愿去生育，一旦选择，她们将给予孩子最多的爱，而从不索取什么。总之，这样的女人知道自己生活的真正价值与意义。只有自己尊重自己，别人才会尊重你，如果你连自己都不尊重，那么别人尊重你从何谈起呢？

尊重自己便是自我价值的实现

在这里，我们并不想将“生育权”强加于男人或者女人身上，而是想让更多的女人懂得如何尊重自己的选择。人们时常说：“男人需要尊重，女人需要爱。”实际上，女人同样需要尊重。古时的人们不许女人参加任何公务活动，把她们排除在男性职业之外，许多习俗和传统不允许她们受教育，不允许她们有文化，不允许她们有责任，不允许她们从事属于男人特权的活动，断言她们在所有需要付出努力的领域都是无能为力的。然而，却把最精密、最重大的任务——塑造人托付给她们，这实在是荒谬绝伦。

女性主宰自己命运的时代已经到来，每个女人都应充满信心地享受一切天赋的权利。做到这一点并不难，只需尊重自己即可。因为，唯有懂得尊重自己的价值的人，才能真正得到社会的尊重！

赶紧忘记“生育是婚姻之当然目的，男人是生育之当然主导者”这些傻话，这两条箴言是搞坏许多人爱情的最强有力的杀手。生育并不是爱情的必要条件，只有低等动物才为了生育而走到一块儿。

也赶紧忘记前辈们奉劝的“夫妻感情变淡就赶紧要个孩子”这种傻话，一段感情要靠生育来使它稳定、使它不散伙的砝码增加，这样的爱情很不堪，尤其对那个“因生育目的”而来的结晶——孩子来说，是极度的不公平，他一生下来，就是人质，而且没有人来赎他。

拒绝生育完全可以成为婚前协议的选项（无论男女均可提出，当然，男性可能少之又少），为了享受、为了保持身材、为了事业……这些都可以成为不生育的正当理由。没有什么不好意思的，生育并不是女人必须为男人承担的义务。

生活中，有许多男人想掌握绝对的生育主动权，因为他们制订的计划完全是按照他们的“近30岁”标准为基点，再算出所谓的退休时间点，以及他们的“奋斗时段”之类的玩意。关于这个问题，我们主张婚姻中的生育必须由女性主导，什么时候生、什么条件下生，都应该由女性决定。女性在生育中承受的痛苦与艰辛，是男人理解不了的！

生孩子并不是天经地义、理所当然的，有些女人从不把生儿育女看成是义务或不可逃脱的命运，而是看做一种值得为之工作的特权，就像男人为了获得自身的权利而工作那样。她们无论是否选择生育，都是在行使一种自主选择生活方式的特权。其实，不只是面对生育问题，任何女人无论在什么时候都应尊重自己的价值，而不能因为一时的困境而贬低和破坏自己的价值，因为你的破坏之举，不仅仅只是否认了自己的价值，更难以得到他人的尊敬。

当然，如果一个女人选择了生育，她们也愿意承担一位母亲所应承担的一切责任。对于一个职业女性来说，想要把照顾孩子和事业两方面相互协调起来并不简单。最好的办法不是以某种官僚主义的形式使父母的职能制度化，没有什么比“婴儿农场”更冷酷了，正确的做法是使孩子与事业完美地结合起来。家庭应作为一种自愿选择的生活方式，这种方式完全可以成为一个目标，一个创造性的成就。

男人不是靠山，而是武器

通常，每一个内心强大的女人背后都有一群让她成长的男人，一段让她大彻大悟的感情经历，一个把自己逼到绝境后又重生的蜕变过程，她们从不把男人当成靠山，而是把男人当武器，学会与男人结盟，共同取得胜果。

聪明的女人并不拒绝依赖男人而获得成功，她们从不将男人摒除于生活圈外，而是与他们结为盟友。表面上男人渴望永远握有权力，事实上，他们更愿意冒着放弃某些掌控权的风险而取悦女人。一个男人不愿意为别的男人，但却愿意为一个女人作出牺牲。聪明的女人深谙此道，她们不会像大多数女子那样走极端，要么把男人当做靠山，要么将男人当成敌人，表现出与男人势不两立的样子。

女人喜欢依赖男人，男人也喜欢女人的依赖，但把男人当做靠山的女人是愚昧的，她们永远也不会成功。聪明的女人会懂得，真正的幸福是与爱人共同创造生活，而不要把他当成万能的靠山！当心靠塌了，摔得更重。女人想做挂件挂靠在男人身上省心省时省力，也增加了男人的负重，拖慢他的脚步。何况事事被依靠，没他就不行的男人，他有着财力能力情感等方面的优势，摆明你离开他不行，他又怎会愿意附带多给你尊重呢？

男人与女人是天生的“敌人”，但也可能是“恋人”。因此，把男人当做敌人是愚蠢的。在女性面前，男人的情绪很容易被调动起来。女人明白了男人在女人面前的种种心理后，不妨有节度地利用自己的优势更贴近男人，让男人乐意替自己出力办事，何乐而不为呢？女人要清醒地认识到这仍然是个男人的世界，与男人结成盟友是通向成功之路的捷径，将男人当成武器，这是智慧女人的选择。

女人要独立，但别孤立

现今的社会，更多的女人单枪匹马地在社会上拼杀，但结果却是只有少数的女性朋友取得了成功，我们不难发现绝大多数的女人要取得成功并非如想象中那样容易。实际上女人很容易走极端，那些敢于单枪匹马出来闯世界的女人往往是很独立的女人，但她们往往缺少与男人互相合作的意识，而事实上她们的这种行为是有失策略的，将自己置身于男人的世界之外并没有好处，这不是独立，而是孤立。她们因自己过强的自尊心而放弃了许多可以援助她们的男人，同时也为自己的成功增设了更多的障碍。

我国历史上三国时期著名的政治家曹操曾经有位红颜知己丁夫人。她是曹操一生最钟爱的女人，曹操一直到死都念念不忘，还企图封她为正夫人。她与曹操的纠葛就是典型的女人与男人反目成仇、势不两立的例子。丁夫人与丈夫一样也有政治上的追求，她的理想就是做皇后。因此在曹操建立霸业的过程中，屡出奇计，但因其养子曹昂之事，久久不能原谅丈夫，因而错失了皇后的凤冠。本来很有希望成为留名青史的名女人，一切却葬送在自己的一时冲动之下。

公元 197 年初，曹操统领大军，讨伐张绣。张绣大败，投降曹操。曹操忘情地占有了张绣的婶娘，这令张绣非常愤怒。张绣在夜间突然领兵偷袭曹操，曹军大败。曹操的长子曹昂在这场战斗中丧生，曹昂的死刺激了丁夫人，虽说曹昂并不是丁夫人的亲生儿子，但他是曹操的大妾刘夫人的骨肉，刘夫人去世之前曾将曹昂托付给丁夫人。丁夫人关怀曹昂，一手将其抚养长大，视如亲生，百般疼爱。

悲痛的丁夫人无法去恨张绣，便将一腔怨恨转向曹操，她认为是曹操贪欢好色，逼反张绣，杀死了曹昂！丁夫人对曹操怀恨在心，从此以后，便冷待曹操，让曹操一次次十分扫兴。曹操憋着一肚子火，终于按捺不住，恼羞成怒之下，将丁夫人遣送回家。丁夫人出自贫寒人家，家境清贫。但她性格刚烈，眼里容不下半粒沙子。丁夫人倔犟好强，自然令曹操恼火；丁夫人不讲情面，更使曹操火冒三丈。丁夫人被曹操驱逐冷落是必然的了。

曹操不能容忍由着性子漠视自己的丁夫人，但又迷恋美貌倾城、性格独特的丁夫人，在这复杂难耐的心境中备受煎熬。最后曹操终于忍不住思念，屈尊大驾，前往丁夫人娘家拜见丁夫人。丁夫人对曹操的到来，不理不睬，依旧织布。曹操不知该如何是好，只好转身离去。临上马时，多情的曹操又朝茅屋看了一眼，恋恋不舍。最后，曹操又一次走进柴门，来到丁夫人的身边。丁夫人冷漠依旧，织布依旧。曹操恳切地再问丁夫人："可以和我一起回去吗？"曹操那恳求的神情、语调令近侍们目瞪口呆。曹操多情地看着丁夫人，等着丁夫人的回答，如同做了错事的孩子渴求夫人的宽恕。

丁夫人对曹操已经死了心，不想再答理曹操，平添烦恼，因此她像身边没有人似的，只顾做自己的活计。曹操对丁夫人如此冷漠、如此绝情的态度，大失所望，绝望地叹息了一声："唉，真是决绝啊！"怏怏不快的曹操这才痛苦地离去。

后来，曹操统一北方后称王，封另一位夫人为王后，素怀大志的丁夫人懊悔不已，郁闷而死。曹操听到噩耗，非常伤心，痛心疾首，对身边的美人说："这本该是吾丁卿的座位！"一个治世能臣、乱世奸雄对一个女人如此深情也难为他了。

马基雅弗利论证过，在严格的军事意义下，筑堡垒必定是一个错误。堡垒会变成力量孤立的象征，成为敌人容易攻击的目标。原始设计用来防卫的堡垒，事实上截断了支援，也失去了回旋的余地。女人过强的自尊心就像堡垒一样，它可能固若金汤，然而一旦你关在里面，这个堡垒就足以转变成囚禁你的监牢。

女人在为自己的目标拼杀时，绝不要孤立自己，接受来自男人的援助并不能让你失去什么，反而会给你带来更多的实际利益。女人要想获得成功必须依赖社会互动与四处周旋，其中男人的帮助占据更大的比例。女人想要完成自己的目标，你必须将自身置于核心地位，接受来自四面八方的信息。如果你固执地依赖越来越小的圈子为你提供信息，就无法清楚四周的动静。不但丧失了机动性，更容易成为被攻击的目标，而且孤立使你产生偏执与妄想。而且，如同在战争以及大部分策略游戏中一样，孤立往往是挫败与死亡的前兆。

在不确定或危险的时刻，你必须战胜想要退缩的念头，反其道而行之，让自己更容易与男人合作，并结交成盟友，逼迫自己进入更多形形色色的圈子。这是自古以来掌权者的秘诀。人类是群居的动物，只有在频繁的接触和周旋中，我们才能锻炼出让自己受欢迎的社交技巧。你越和别人接触，就会变得越来越优雅、从容。离群索居只会让你的举止笨拙，导致更进一步地孤立，因为人们会开始回避你。

与男人结盟是智慧女人的选择

有些女人之所以成功，并不是仰仗着将男人摒除于生活圈之外，而是与男人和解，成为盟友，以双方利害关系为基础，并力图进一步改变对方的立场，使自己的主张占据上风。

你有两个途径可与男人结盟，而不会使自身的权力受损，却能化解男人的权力，并与其友善地对抗。身为友善的对手，聪明的女人了解，操控男人的力量会使她和这个男人都受到注意。人们至今还记得杰奎琳·奥纳西斯美国前总统肯尼迪的遗孀，后来嫁给希腊船王奥纳西斯，就是因为她生命中曾经有过的男人。倘若西蒙·波伏娃未曾与保罗·萨特结为伴侣，她还会受到如此高的评价吗？伊莲娜与富兰克林·罗斯福呢？或希拉里与比尔·克林顿？这仍然是个男人的世界，因此，你能诱发的任何友善的对抗，都将成为有益于提升自身能力的强大武器。

梅兰妮·克莱茵是世界著名的精神分析学家，儿童精神分析研究的先驱。她提出了许多具有深远意义的创造性见解，开拓了理解最早期的心理历程的途径，被誉为继弗洛伊德后，对精神分析理论的发展贡献最大的领导人物之一。

梅兰妮·克莱茵于第一次世界大战时开始其精神分析的工作，直到过世为止，一直都在不停地实践及发展自己的理论。不过，在开始的前10年，她始终强调自己是弗洛伊德思想直接且忠诚的拥护者。梅兰妮·克莱茵渐渐地也有些重要的不同见解，但表达自己的见解却并不容易。因为在当时，任何人都无法撼动弗洛伊德在这一领域的权威地位，任何比弗洛伊德弱势的人，都不够格成为他的帮手。

梅兰妮·克莱茵采取的策略，比与弗洛伊德的学说分道扬镳，还来得更为巧妙。她认识到，与其与弗洛伊德对立，不如成为他的盟友。假如能成为与他携手合作的“敌人”，自己将会获益更多。梅兰妮·克莱茵一方面不离开弗洛伊德思考架构的范畴，同时积极完善自己的理论。

梅兰妮·克莱茵在自己与弗洛伊德的女儿安娜·弗洛伊德之间，建立了一种家庭式的对立。梅兰妮·克莱茵由于和安娜·弗洛伊德经典精神分析的自我心理学观点的差异，后期两人关系十分交恶。以至当时英国精神分析讨论会上，经常出现安娜·弗洛伊德在做讲座，克莱茵可能就不进场而离去。同时英国精神分析学会几乎因此分裂成两个。虽然最后经过协调双方才认可对方学派训练的分析家。

梅兰妮·克莱茵并不是一味地反对他们父女的理念，一方面却又赞扬弗洛伊德的卓越才华。她就是如此地运用“战略性张力”，使她的同伴陷入了狂热的状态，有些人护卫弗洛伊德，有些人支持她。战线就这样地分开来。同样不能将她排挤出“心理分析运动”之外；反而，他们掀起了一场反对弗洛伊德的风暴，进而又引发了她的抗争。结果，梅兰妮·克莱茵的名声传遍了整个欧洲。这不单单是因为她所引起的争议，也是由于她本身的理念。梅兰妮·克莱茵从这场争议中获益，弗洛伊德亦然。她使他们双方的理念都获得了国际性的声望。

从1921年到1960年的写作生涯中，梅兰妮·克莱茵大幅度地扩展了弗洛依德所开启的理论，她在许多重要领域中都追随弗洛伊德，但她的某些概念则非常具有创造性，而这些概念恰恰背离了弗洛伊德。至于梅兰妮·克莱茵的理论与佛洛依德的理论何处相同，何处相异，都不重要，重要的是梅兰妮·克莱茵选择了令人敬畏的弗洛伊德医生来作为宣扬自己理论的强力盟友，这一策略让其取得了巨大成功。

其实将这个策略运用到极致的女人，莫过于埃及女王克娄巴特拉。托勒密十二世去世后，克娄巴特拉按父亲的遗嘱与亲弟弟联姻共同执掌权柄。由于姐弟反目，她决定借助罗马帝国叱咤风云的恺撒的力量。而恺撒不仅帮助她夺取了王位，两人还通过恺撒制定的一夫多妻制而成为合法夫妻，并生下一子。此后，这位智慧女王又故技重演，用同样的手段征服了有勇无谋的安东尼，再一次使自己的王位稳固。虽然此后年近40的她并未打动屋大维，在软禁中结束了传奇的一生，但今天我们仍可以看见她依靠男人的援助而为自己建立起的辉煌王朝。

巧妙运用异性正效应

男人是一种奇怪的动物，他们渴望永远握有权力，但却更愿意冒着放弃某些掌控权的风险，为女人付出一切。男人绝不会愿意为一个男人而作出如此牺牲的。如果女人显然地掌控着情势，并深知自己的心意与人生志趣，男人就会欣然地将所有负在肩上的权力与重担卸在她脚下，就像阿特拉斯将天界从疼痛的肩上放下时一般地松了一口气（阿特拉斯是希腊神话中因背叛众神而被罚用双肩扛天的神）。

男人愿为女人舍弃权力，而了解这点最好的方法，便是认清男女之间的基本冲突：男人害怕女人。而男人乐于接受这份恐惧，以使自己保持敏锐的心智。

你应该明白，男人的这种恐惧以及因此对女人所造成的遗憾，是永远无法改变或消除的。于是，有些聪明的女人会利用它，以行为促使其浮现。一旦男人对女人的这份恐惧变得显而易见，一些“坏女人”便试图将其能量转换成双方共享的权力。

女人千万不要忽视自身的力量，应该清醒地认识这个由男人和女人组成的世界的基本运行规律。很多女人以为自己柔弱，需要男人，其实更多的时候是男人更需要女人。

有科学资料表明，在只有男性或女性的单一性别组成的团体里，人们不仅易于疲劳，工作效率不高，而且在这种单一性别的环境里工作的人们精神也不容易集中，人们的精神时常呈现一种没精打采的状态，呈现情绪低落、头晕、烦躁、心慌等症状。类似这些的情况还发生在航天飞机上，宇航小组初始的时候都由单一的男性构成，长时间在脱离社会交往的环境里进行密闭窗口的航天飞行。这些人中的多数都出现头晕、心烦、心慌、呕吐的症状。这些症状被人称为“宇航员综合征”。后来医生建议，在宇航飞行中，搭配上一名女性宇航员，上述症状就不治而愈了。

在人类社会中，异性相吸、同性相斥的心理是普遍存在的。男性常常被女性的美貌、温柔和贤淑所打动，从而对女性产生一种特殊的情感，因此，男性在女性面前，竞争意识会大大提高，总想表现出自己的出众才干，显示自己的强大和所具有的权威性。这种心理有时是有意识的，有时是无意识的，并且大多数男人均不愿承认自己有超越同性取悦异性的心理。

在社交中，男性常常表现得举止潇洒，气度不凡，才华横溢，以此来唤起女性的好感；女性所表现的美丽脱俗、温存柔弱、贤淑大方，给男性留下了非常好的印象，让男人从内心深处愿意为自己效劳，甚至将帮助自己视为一种荣幸。

这种异性正效应，在青年男女身上表现尤为突出。他们渴望与异性进行情感交流，以发现自我、完善自我和理解别人，从而体验到深深的情感依恋，并渴望得到异性的肯定以增加自信心。例如通信咨询单位的男士比较愿意给女咨询者回信，如果她的名字很美，字写得也飘逸，字里行间流露出一种情感，那么他就会很认真地回复一封长信，而对于同性就难以达到这种程度。这种效应是微妙的，甚至一些当事者自己都对自己的行为感到奇怪，说不清为什么自己会对一个陌生的异性表现出这么大的热情。

玛丽·林朵是著名的英国间谍。在第二次世界大战期间，也曾冒着生命危险进行地下组织行动，她拯救了数百名盟军士兵的性命。结果，她被逮捕了。林朵被拘留之后，纳粹守卫问她：“像你这么聪明的女子，怎么会被捕呢?”她说：“我注意到，愚蠢的女人能够控制聪明的男人，她能随心所欲地操纵他，使他为她买衣服，请她吃饭，为她做任何事。”然后，她直视着敌人的眼睛：“虽然蠢女人能控制聪明的男人，但要控制蠢男人，却得是非常聪明的女人才能办得到。”除了最终的衰老之外，任何事物都无法击倒她。林朵被捕，并由纳粹分子的法庭审判之后，进入了监狱，并且单独监禁，后又送进集中营，又经历了释放、枪击、殴打。但是，她战胜了所有这些灾难，活了下来。

在夫妻之间，不需要靠山与需要靠山都是有前提的，其前提就是人格的不平等。造成这种不平等的原因，往往是女人对男人地位、金钱乃至才智的依赖。这方面的例子真是举不胜举，尤其是在某些功利主义盛行的今天，有些女人目标很直接：要么有钱，要么有权，当然也有少数品位较高的女子，表示男方有学问也行，但不能是无用的（换不来名利的）学问，说到底，对才智的依赖，也仍是对地位、金钱的依赖。至于爱不爱，则是次要的问题。可悲的是，就在这些女人中，也不乏有人想追求自己与其配偶间人格上的平等，即你养着我，还不能以靠山自居；我靠着你，还不能成了你生活中的附庸。其结果就是两种：或者是在追求人格平等的角逐中败下阵来，甘心以一生的不平等换取一生的生活舒适；或者红颜一怒为自尊，烈女断腕，劳燕分飞，带着一笔依法分得的财产，或再寻靠山，或独守一生。

然而，女人的本性又是需要靠山的，即使是人格相当独立的女性，也希望自己所挚爱的男人值得信赖、值得依靠。而与前面所说的那类女人不同的只有一点：她同时也必须是他的靠山。“坏女人”从来不赞成那种把女人只当做男人遇到挫折后的避风港的说法。男人为什么就不能在是靠山的同时，也成为女人的避风港呢？女人为什么就不能在是避风港的同时，也成为男人的靠山呢？

靠山可以是物质的，可以是精神的，也可以是物质兼精神的。不管男女，只要具备其中一条，就有资格成为对方的靠山。而一个追求人格平等的女人，也只有在这样相互依偎的情况下，才能得到真爱。

千万别拒绝性感

女人的性感不是人造的硕胸、肥臀、蜂腰，不是名贵香水泡出来的，也不是裸露香肩的大胆，更不是浓妆艳抹的招摇。一个性感优雅的女人的肢体语言不会作放浪的暗示，而是在举手投足时，不经意间透露出的让人神魂颠倒的美感，能把女人的韵味表现得恰到好处。即使她不动不摇，依然春光如泄，读上去像一首风情诗。

男人都喜欢性感的女人。性感往往比漂亮更能激发男人的兴趣，也更能让男人记忆深刻。可是，这是为什么呢？恐怕只有上帝才知道。如果非要对这个问题作出回答的话，只能说天性使然。上帝造人之初，就已经把欲望强加在男人和女人的身上，人凸起的部位是欲望的聚焦点，所以注定了女人的胸部与臀部会吸引男人更多的目光，这不能怪男人，要怪就只能怪上帝，因为是他决定了一切。男人喜欢性感的女人是一种原始的潜意识，这是不可阻挡的。因此一些聪明的女人主张：女人可以不漂亮，但决不能不性感。

某些女人并不拒绝性感，她们也愿意做一个性感的女人，她们身上的这种性感是由女人天性散发出的一种媚态。她们大多数是放风筝的高手，知道什么时候要紧拉下，什么时候该放半寸；她们一个个更是太极大师，内力深厚，武功了得，比常人更懂得四两搏千斤，懂得怎样用女人的柔情去化解男人的刚劲。

这些女人更知道，女人的性感不是名贵香水泡出来的，也不是裸露香肩的大胆，更不是浓妆艳抹，而是举手投足时，不经意间透露出的让人神魂颠倒的美感。

性感的价值

性感是什么？性感就是你身上的某种东西能够让异性在性方面产生某种美妙的感觉和幻想。英文单词是“Sexy”，这是每个人都需要的东西。女人的性感，也是每个男人骨子里都渴望拥有的东西。

中国有着几千年的封建文化，一直视性感为洪水猛兽。虽然只有盛唐的一抹胸前亮色，但绝大部分时间里，给人印象都是相对保守。不只在东方，历史上西方社会对性感也是十分排斥的，我们在看描写欧洲宫廷生活的电影之时，总是会发现超级庞大的鲸骨裙，就是那种让女人看上去像个走动的花篮似的裙子。同时自然还有紧身胸衣，它的主要作用当然是把腰部勒紧，以便于突出体形。勒得太紧的结果，就是一旦某些女士激动的话，嘤咛一声倒地的比例有了大幅度提高。但那都是文艺复兴之后才出现的风尚，在那之前则也是把性感视为洪水猛兽。

在今天，性感已经成了一个不再忌讳的词，而且是美丽女性和魅力男人的一个重要标志。性感的女人不但可以赢得男人的青睐和重视，还可以成为男人激发斗志的理由。早在20世纪四五十年代，美国人最早认识到了性感的经济价值，由米尔顿·格林悉心打造的“世纪性感女星”玛丽莲·梦露，不仅为自己赚取了大量财富，同时也让被人称为“草包美人”的玛丽莲·梦露从一个普通人跻身世界巨星之列。

米尔顿·格林是1953年8月的某一天在好莱坞“二十世纪福克斯影片公司”的停车场内偶然遇到玛丽莲·梦露的。此时的格林早已是名震美国演艺圈和社会上层的名流摄影大腕了，相比之下梦露还只是一个刚刚被炒了鱿鱼的无名小演员而已。

米尔顿·格林觉得“二十世纪福克斯影片公司”给梦露一个星期1500美元的报酬确实是太低了，不过，他更为梦露对表演艺术的执著所感动，于是建议梦露和自己合伙成立一家电影制片公司，选自己喜爱的角色拍摄。这对于梦露来说，简直就是天赐良机。与此同时，米尔顿·格林开始重新包装梦露。

1955年1月6日，梦露戴着格林送的钻戒，穿着格林送的奶白色的羊绒大衣，染着一头铝白色的头发出现在“玛丽莲·梦露电影制片公司”的开业仪式上。“二十世纪福克斯影片公司”的老板满不在乎地说：“随她去吧，一个‘草包美人’还能威胁到我的公司?！真是笑话。”

然而，“草包美人”和格林经过一年的努力终于成功了，经格林全新包装，以性感巨星形象出现的梦露成为好莱坞最抢手的女演员。1956年新年前夕，“二十世纪福克斯影片公司”也向“草包美人”和格林投降了：公司请梦露和格林为它一年拍4部影片，题材任由梦露自己选择，拍摄过程也完全独立，影片公司为每部影片出资10万美元，梦露和格林的公司每年还能从“二十世纪福克斯影片公司”那里额外分到 10 万美元的奖金，而格林本人每年的年薪是 75000 美元。

玛丽莲·梦露的成功是典型的商业运作，名震美国演艺圈的名流摄影大师米尔顿·格林了解人性，这位大师从梦露身上发现了其他人所没有发现的东西。他太了解梦露了，太了解梦露在镜头前的表现了，他亲自为她设计发型、衣着以及灯光，他亲自与摄影师和音响师交流，让他们展现最完美的梦露。玛丽莲·梦露不仅成为米尔顿·格林生意上的伙伴，也成为生活中的好友，她经常到格林家中做客，然而一开始她还是一个非常害羞的女孩，直到米尔顿·格林重新打造了她。可以说，是米尔顿·格林发掘了连梦露自己都没有发现的潜质，也是他把梦露打造成了真正的巨星。曾几何时，米尔顿·格林甚至也爱上了自己的杰作。

这就是性感的价值。这种价值不只体现在经济方面，让梦露从一个无名的小演员一跃成为全球巨星，全新的形象还让这个原本十分害羞的女孩变得愈加自信。从那以后，“性感尤物”这个词，仿佛永远与玛丽莲·梦露联系在一起。这个金发红唇、纤腰丰乳的女人，笑起来有些放荡却又带几分清纯。扑朔迷离的故事加强了她的神秘与戏剧性，跌宕起伏的人生更惹人遐想。多少女人幻想成为她，任大风吹起白色连衣裙，倾倒众生，又有多少男人幻想彼时恰好在场，一探女神春光。

一个女人只有具备了自信的潜质才能敢于性感，同样，敢于性感必定激发女人的自信，并且让人始终朝着内心追求向往的方向发展，它可以让人把自己的优势和美丽发挥得更加淋漓尽致，并且体会到更为超前的人生境界，而这一点对于青春易逝的女人来说该是多么的宝贵啊!

不一样的性感

性感具有一种无穷的力量，它能引发一种性的吸引力。但并不是所有女人都能驾驭这种力量，性感并不意味着非得穿着特别暴露，有不少女性误把肉感作性感，又或太着急地表现性感、太张扬地骚首弄姿，殊不知更高境界及富美感的性感，才是杀人于无形的“性感在骨子里”。最耐人寻味的性感从来都是超越视觉，成之于内而形之于外，先天之外，亦得靠后天一点一滴地经营与解放。

然而，生活中绝大多数的女人追求“性感”的根本方向存在一些误区，性感水准还相当肤浅。提高性感度，女性必须摒弃“把诱惑当性感”，“不暴露就不性感”的错误观念。对男人来说，最大的诱惑来自女人的独立。在生理上，女人的身体属于自己，它既不是一种诱饵，也不是一种商品。女人应该对性感有清醒的认知和感受力，明白刻意挑逗、撒娇、扮妩媚只是小情小趣。在心态上，男人真正欣赏的性感，是骨子里透着自信的独立：有时候像女儿，有时候又像母亲；感情上不依赖，经济上不拖累；该柔的时候要柔，该强的时候要强。

与玛丽莲·梦露的魔鬼身材相比，奥黛丽·赫本恐怕与性感扯不上半点关系，但她却以一个罕见的能够跨越时间的时尚偶像形象，出现在纽约的第七大道上，并被《时尚》杂志评为“史上最性感的女人”。奥黛丽·赫本的性感不同于梦露的性感，正如她自己所说的那样：“我的性感带在鼻尖，不像其他的女人周身都是。虽然不是那么显而易见，但是确确实实存在。”

1953 年的一个下午，当时已经贵为法国高级时装界著名设计师的纪梵希，突然在工作室接到一个电话，介绍人跟他说，赫本小姐正在巴黎，想与他见面，讨论一下能否在下一部电影中展开合作。

约会很快就定下来了。纪梵希却很忐忑，因为他一直以为自己将要约会的是大名鼎鼎的凯瑟琳·赫本，而不是刚刚以《罗马假日》一夜成名的奥黛丽·赫本。但当纪梵希打开大门的时候，却发现站在他面前的是一个年轻的女子，非常纤细高挑，有着小鹿般的大眼睛，短短的黑发，水手帽上还扎着一条红色的缎带，脸上带着顽皮的笑容。虽然不是想象中的凯瑟琳·赫本影后，但纪梵希还是相当优雅地隐藏住内心的失望："我对她的第一印象是，她实在太瘦太瘦了，就像一只脆弱的小动物，一捏就碎，虽然她不施粉黛，但双眸的明亮让人过目不忘。"

当时年仅26岁的纪梵希，却不知道这个陌生人竟会是自己日后创作中的缪斯女神。他当时直截了当地告诉她："小姐，我很乐意帮助你，但我的服装太简洁了，不适合做戏服的，而且我正在准备下一季的新展览，我实在是不能为你设计服装了。"但赫本的一双大眼中却分明充满了殷切期待，因为她早已在两年前就留意到纪梵希的才气，更重要的是，她了解服装的魔力并相信自己的时尚判断力，所以她压根就没有发现纪梵希当时的冷淡。面对一个如此热切的女孩，纪梵希只能不置可否地耸了耸肩。

于是赫本便开始在他混乱的工作室中挑选自己想要的戏服，她挑中试穿的第一件衣服，是一件灰色的羊毛套装，是为另一位著名模特量身定做的。然而，当赫本穿上后出现在纪梵希面前时，他甚至有点无法相信自己的眼睛了。“她穿着那件灰色套装缓缓走来，真是神采飞扬，震惊了在场的所有人。”纪梵希说，“她的大眼中充满了兴奋，她说这正是她在戏里想要的装扮。”纪梵希开始意识到，面前的这个赫本将是自己设计的服装最合适的主人。而赫本也从这次试衣中，确认了一种被自己一生奉行的时装品格。

赫本和纪梵希之间的友谊与艺术上的合作持续了终生，他们的亲密关系一直不曾改变，他们的友情甚至比起她和任何一任的丈夫都来得长久。在《萨布丽娜》之后，纪梵希为奥黛丽设计的戏服包括了《滑稽面孔》、《午间的爱》、《蒂梵尼的早餐》、《谜中谜》等，甚至还包括第二次结婚、儿子受洗时她所穿的礼服等。

同米尔顿·格林塑造了梦露一样，纪梵希塑造了赫本。唯一不同的是，后两者一生都保持了长久的友谊，而且在事业上相辅相成。在赫本的口中，纪梵希是一个“个性塑造者”。她总是说：“只有穿上他设计的衣服，我才是原来的我……他不仅是位服装设计师，他还似乎是人格的创造者。”为了回报纪梵希，赫本一直扮演了他创作上的缪斯女神角色，不断地鼓舞着他。在纪梵希的口中，他仅是跟着赫本这个灵感源泉去创作而已：“在每一场发表会上，我的心，我的笔，我的设计都是跟着奥黛丽走……她是上天赐予我的礼物，她在服装搭配上有一种其他人无法比拟的天赋，这是与生俱来的能力。”

其实，正是两者所共同追求的一些特质成就这种风格——他们都是在把一种发自于古希腊至文艺复兴时期的古典美精华，在工业化时代演绎成大众接受的审美类型；他们都是在鼓励女性去发掘与强调自己的优点，而不是追随所谓的“潮流”盲目改变；他们也一起建立起一种“个性化”的性感标杆，在打破梦露式丰满性感对当代审美标准垄断的同时，还提供了一个将女性从追求丰乳肥臀的男权审美观中解放出来的可能性。

以上这些挖空心思的归纳和分析，仿佛还是未能完全解释性感的魅力之谜。或许，性感的美总是不可解释的，甚至仅是一种巧合，就如那个下午，赫本遇上纪梵希那样。

女人要学着性感起来

当女人仍在抱怨“衣橱里总是少一件心仪的靓衫”时，男人们已经慢慢越界开始算计起女人身上的布料的多少来。1946 年 7 月 5 日，当米歇琳娜·贝尔纳迪尼在巴黎穿着面积小得可怜的 3 块薄布和 4 根细带于镁光灯前亮相的那一时刻，设计师路易斯·理查德勇敢地将自己的这件得意之作与同期在比基尼岛上爆炸的原子弹相提并论，在媒体上展开大 PK，大胆地将其命名为“比基尼”。这颗时尚界的原子弹的威力波及至今，比基尼的性感效应已经不仅仅限于海滩的阳光下，越来越多的设计师习惯于将比基尼的细带、低胸、露脐、低腰等元素应用在日常的着装细节上。

如今的女人再也不愿意把自己美好的身材裹得密不透风，甚至鄙视那种“犹抱琵琶半遮面”的小打小闹，越来越大的暴露尺度让男人的眼球在炎热的夏日里吃饱了“冰激凌”。对于身材火辣，衣着豪放的女人，男人从来不肯轻易收回自己的目光。但如果这个女人是自己的女友，他们还会抱着“独乐乐不如众乐乐”的宽广胸怀，毫不介意地与众人一起分享她的美丽吗？还是在性感的雷区里为自己的生存提心吊胆呢？

的确如此，女人为什么要把自己美好的身材藏在过分宽松没有曲线的大T恤里，或是用肥大的裤管把自己变成在市场为晚餐菜式发愁的中年大婶？在我们的生活中，有许多身材高挑、性感惹火的女孩，她们完美的体形令许多女人羡慕嫉妒，她们都认为，体现自己的身材是首要原则。她们的衣柜简直就是一本性感着装指南，热裤和短裙更是她们的最爱，甚至连普通人不敢染指的小肚兜也会出现在衣柜之中。这样的女人只需凭这些让人眩目的衣服就可以轻而易举地成为一场聚会的焦点，但是让这些女孩困惑的是，也正是这些衣服让男人对她们敬而远之，退避三舍。难道自己露得还不够多？自己还不够性感？

心理学家分析："一个打扮性感的女性，她所传达给你的信息包括很多方面。她可能正在告诉你，她希望你觉得她很性感或赞美她的好身材；她更可能希望你对她的时尚嗅觉的灵敏度表示钦佩。而她购买迷你裙或小肚兜也只是为了证明她在穿着上有着超越常人的胆识与勇气。"

然而，有一些女性接受了这样的偏见，认为穿着性感就等同于意识不良、品位低下以及性暗示，这就像指责被偷盗者携带巨款上街招摇过市一样缺乏逻辑性和是非判断力。女人是不会以性感的装束来表示自己想要与某个男人发生性关系的意图的，除非她从事着特殊的服务行业。

忘记"女为悦已者容"的陈词滥调吧，它们已经不能在现代女性的着装观念里兴风作浪，当下服装的设计理念就是为了体现人的身体之美。大胆地秀出你美好的身材，让男人学会适应性感的热度，有时尚的眼光和独特的风格为你撑腰，一场为布料的多少的小小战斗还会把你难倒吗？人们对于性感的定义是多元化的，露多露少都能不同程度地诠释性感，但怎样才能露得美，又不能引起男人的非分之想，则是需要智慧的事情。

怎样驾驭性感

性感是伴随着性别特征而流露出的特别魅力，是一种与性有密切关系的美感。女人的性感指数主要通过外表、神态、姿态、举止、语言、内涵、自信等层面体现，性感的标准见仁见智，丰乳肥臀是一种性感，娇小玲珑也是一种性感。有些女人在我们看来长相平庸甚至有些难看，但在欧美男人眼中却是美若天仙，非常性感。由此可见，性感其实只是一种由直觉引发的感受，关键在于，这种感受会左右人对美好的判断。

问题是，你如何去追求及表达性感，却又不违背今天的新女性价值观。如今性感无处不在，就像一种刺激性易挥发气体，仍然遇火就爆，但很快就消失在空气中，难留下一点回味。怎样才能保留“性感”的韵味，性感的新定义是什么？

性感的最高境界是知性。在日本众多竞争激烈的时尚杂志中，唯有《Can Cam》销量月月稳居榜首。有专家表示，在对“性感”这个字眼最敏感的20—35岁女性中，相当多的人偏爱《Can Cam》展现的那种“知性”风格。该杂志主编温井明子也表示，这本杂志采用的模特用“有内涵”、“有主张”替换了原有的性感概念，教女性用智慧把自己打扮得品位出众。即使生育过，也会让人觉得风姿绰约。这种引导让日本女人相信——性感，单有容貌绝不够。

性感也可能是率真。一部《我叫金三顺》的韩剧不仅在韩国掀起一股热潮，也迷倒了无数中国观众。这样一位要相貌没相貌，要资产没资产，也没有多少才艺的女子，不仅颠覆了传统观念中灰姑娘的形象，也让不少女性的情爱观发生了转变。韩国媒体评价说，因为没有任何可以炫耀的资本，金三顺清楚地知道自己的“身价”，全然没有性感美女的那种矫揉造作；因为没有男人追逐，她更能看清自己的优缺点；反正什么都没有，她干脆“豁出去”了，该吃就吃，该哭就哭，该笑就笑。没想到歪打正着，这种达观、率真的心态，反倒更有异性缘，也让韩国人体会了最具智慧的性感艺术。越来越多平凡的韩国年轻女性将金三顺看做偶像，希望自己也能凭率真变得更有魅力。

性感应该是健康的。奥斯卡最佳女配角奖得主蕾切尔·薇兹在谈及性感时，就颇有感慨，她说：“人人都说女性在60年代的时候就解放了，我却没有感觉到。作为女人，我们的压力还是很大，时刻都面对这样的问题：我们不能不漂亮，我们一定要瘦，否则男人就会不喜欢……这算什么道理?”美国著名时尚杂志《红书》的专家就指出，性感应该是健康的。女性身材性感，不一定要三围突出，也不需要骨感。调查显示，男性认为体重和身高呈“黄金比例”的女性最性感，即体重（千克）除以身高（米）的平方，结果等于20.85的身材最性感。

天赋的性感固然迷人，用心思炮制出来的性感更令人回味，这和品茶的道理一样。不天生丽质并不可惜，没有魔鬼身材也不遗憾，只要用些心思，你也可以性感。重要的是，男人在意你为他所作的改变：从头到脚，由内而外，无处不在，恰到好处，讲究细节。到了那个份儿上，你想不性感也难。总之，性感不是人造的硕胸、肥臀、蜂腰，一个性感优雅的女人的肢体语言不会作放浪的暗示，却能把女人的韵味表现得恰到好处。即使她不动不摇，依然春光如泄，读上去像一首风情诗。

幸福的能力之十三——控制力

会爱人，更要会爱自己

有些女人终其一生都不明白这个道理，她们肤浅地理解天意，盲目地听从命运；她们从小被教导要牺牲自己而成全别人；她们拒绝尝试，沉溺于男人的肯定。她们不知道才干和能力、知识和智慧以及那把成功的钥匙就掌握在自己的手中。要记住，女人最可悲的不是年华老去，而是在婚姻和平淡生活中的自我迷失。

女人从小就被教导要牺牲自己，成全别人；男人则被教导要牺牲别人，成就自己。于是，许多女性无论多成功、多有主见或权势，一旦和异性交往，就开始放弃部分的自己——包括社交生活、独处时间，甚至是自己的价值观——最终失去自我。她们的生活早就和恋人的生活融合在一起，一旦分手，便无法回复自己的生活。

在恋爱中失去自我的原因并非如你想象的那样，是自己脆弱、愚笨或能力不够。之所以这样，全因女性的角色一直被定位为养育者与讨好者，这种影响导致女人自动将自己的需求摆放在一旁，而去照顾他人的需求。直到今天，社会依旧鼓励女性将男人的需求看得比自己的需求更重要——一般人都认为女性的自我版图“比较小”，以至于女性很容易在恋爱中失去自我。

怎样去做一个“完全自由的女人”——自由到超越地域、性别、婚姻家庭、性，甚至是历史，尽最大可能地保留自我？答案只有一个，并且要坚决地执行这一信条：女人，不仅要爱人，更要爱自己。重视独处的价值，并学会如何悠游其中；在亲密、坚贞的爱情中，拥有自我意识，并发展更真实的自我，创造一种不会为了男人而抛弃的新生活……如果你愿为此作出改变，你将会脱胎换骨。即便年逾不惑，即便青春不再，一个拥有自我的魅力女子，永远都是迷人的。

自我是女人最大的生存资本

在社会的纷杂面前，女人应该怎样来处世才能百战百胜？怎么样才能在即使失去一切表象上的“繁华”与“富贵”后，仍能够如傲雪梅花一枝，于寒风中盛放？女人生存于世的最大资本是什么？大多数人的答案不外乎年轻貌美、身材玲珑、才华横溢、手腕妙绝、学历不浅、智商不低、温柔可人、气质典雅、家世丰厚、位居高要……其实，这些都不足以成为女人“最大”的生存资本。

一个女人要想成为一个纯粹的女人，最重要的资本便是拥有自我。“失去自我”这个问题超越聪明才智、自尊和自信的范畴，而涉及女性认同的核心。即使是世上最漂亮、最有活力、最出名、最有才干的女人，也都曾在爱情中失去自我。和有权或有名的男人谈恋爱的女人，尤其容易失去自己。史上最受欢迎的女画家之一弗里达·卡罗就是典型的例子。卡罗璀璨夺目、直指内心的画风曾引发全世界的热潮。而她谜一般的、充满灾难和苦痛的一生，特别能给女性一些启示。

> 1929 年 8 月 21 日，22 岁、身材娇小的卡罗嫁给了身材臃肿的中年画家迭戈·里维拉——墨西哥最有名的画家。从一开始，卡罗就知道迭戈有许多风流韵事，但她发展出一套“自我防卫系统”，也就是在众人面前假装她和迭戈是不能分割的一对。但当她发现迭戈与她最亲密、最知心的妹妹克里斯蒂娜在一起时，这个防卫系统崩溃了。卡罗惊愕不已，在墨西哥市租了公寓独居了一段时间，试图过独立的生活，但徒劳无功。
>
> 依卡罗的个性，没有迭戈赞美她的才华、聪明和美丽，她便觉得没有安全感。当他离她而去，被遗弃的痛苦淹没了她，因为她爱他超过了自己的生命。卡罗于是不顾一切地回到迭戈身边，忍受他的拈花惹草。即使她已经扬名国际，在生命的尽头，对迭戈的爱依旧是她生命的重心。就像其他失去自我的女人一样，卡罗不属于自己，她没有自我需求的意识，无法离开丈夫过自己的生活。

有些女人因为忙着和爱人在一起，不再接朋友的电话；她们不再参加同事们的聚会，因为害怕丈夫自己在家；她们不想让男友或丈夫单独出去，因为害怕他们趁机邂逅别的女人……有些女人一谈恋爱，就立刻放弃权利，允许男人决定彼此关系进展的速度；另一些女人只在开始谈恋爱时坚持保有自我，但一段时间过后，也渐渐地让男人控制彼此的生活；还有些女人是在结婚之后才开始失去自我，她们将自主权交给丈夫，隐身于丈夫之后，很少想到自己的个别需求和欲望。

为什么会这样？其实，许多因素造成了女人比男人更容易在生活中失去自我。从小时候起，女孩子就被教育成要受保护，而保护者便是那些男孩。父母和学校对于男孩能力的期许也远胜于女孩。父母对女孩通常没有什么期待，对男孩的要求却比较多，包括希望他们更负责任、更勇于面对困难。

这里透露了一个微妙而强烈的信息，即女孩比较没有能力。在传统文化中，她们甚至被视为“蜜糖和调味料”，亦即女孩应该被保护、被照顾和被教导，而不应该主动地去适应环境和掌握各种能力——这越发助长了女孩的不安全感和被动感。

此外，所有的教育都不断地教导女孩要比男孩被动与顺从。也许你还记得，在对事情的处理上，女孩永远充当着息事宁人的好孩子的角色，男孩则永远是那个到处惹祸不怕事大的坏孩子。当大部分男孩汲汲营营于满足自己的需求，女孩子则被教导要顾全大局，而非坚持自己的意愿和需求。如果牺牲自己的需求对彼此关系可以有所帮助的话，她们很乐意这样做，甚至在与他人意见不合时，大多数女孩都会选择退缩、道歉甚至将罪过揽在自己身上的做法。

就是在这样的教育环境下，许多女性被灌输了天生不如男人，认为只有仰仗男人人生才能圆满，要为爱而爱。直到遇上一个让她们神魂颠倒、改变生命的特殊男人，人生才真正开始。她们沉溺于男人的肯定。

结了婚的女人，大多都以老公、孩子、家为自己的生活重心，但是却唯独没有了自己。在婚姻里，她们找不到自己，她们可以说出老公，说出孩子，说出家，却说不出自己到底在哪里，她们迷失了自我，迷失了方向。

女人最大的悲哀莫过于失去自我，除了丈夫和孩子外，你还有你的世界，还有你的个人生活。爱家没有错，但不能失去自我。只有拥有自我，你才会拓宽眼界和思路，才不至于那么狭隘，才不会在山雨欲来时而不知所措。

认识自我存在的价值

没有自我的女人缺少一种味道与魅力；没有自我的女人即使再漂亮，也难以吸引男人的注意……然而，许多女性都是在“没有自我”的教育下成长起来的，传统的教育方式禁锢了女性原本的自我。因此，要想“面对生活，热情认真；面对欲望，心态平和；面对爱情，敏感细腻；面对尊严，人格独立”，说起来容易，做到却很难。

英国著名女作家伍尔夫在《一间自己的房间》里说道：女人要有一间真正属于自己的房间，在这间有锁的房间里，我们身心独处不受打扰，可以随时约会自己想见的客人，也可以随心所欲做自己喜欢的事情，包括拉上窗帘写作。女人在婚后希望有“一间自己的房间”，其意义远大于居所，它是女性对自我存在价值的认识与觉醒。只有当她们独立地承担了自己，才能真正拥有了优雅从容地经营自己的心情与生活的可能。

拥有自我的女人不会放弃一个人的天空，会享受生活中的每一天。她们会与闺中密友约会；尝试一个人吃饭、睡觉、旅行、听唱片；敢在异性丛集的职场中试比高下；不盲目去选择、去付出……那么，一个拥有自我的女人该是什么样的？也许没有谁能比露·安德烈亚斯·莎乐美更有说服力。

露·安德烈亚斯·莎乐美，1861年出生在俄国圣彼得堡莎乐美大将军家中，沙皇为她的出生给大将军写了贺信，报纸也用俄文和德文报道了这一喜讯。她原本可以在荣华富贵中无忧无虑地度过一生，但是独特的个性和强烈的反叛心理使她摆脱了社会的一切传统束缚，去寻找自己的生活模式。她非同寻常的人格独立性战胜了时代套在女性头上的一个个枷锁，她对自由的追求和精神上的进取使她的生命闪烁着耀眼的光芒。

19岁那年，莎乐美到瑞士苏黎世大学去求学，从此离开了故乡俄罗斯。在罗马，她结识了当时德国最负盛名的哲学家弗里德里希·尼采。尼采很快就爱上了她，但莎乐美拒绝了他的求婚。她不愿意让自己独立的人格束缚在婚姻的枷锁下，她追求的是灵魂上的沟通和碰撞。她和尼采是精神上的伴侣，彼此能够进入到对方的思想深处，探讨、交流哲学和宗教方面的问题。

正是基于对尼采的了解，莎乐美在10年后写出了非常有价值的论著《弗里德里希·尼采及其著作》。而尼采，在分手的第二年就创作出了他惊世骇俗的巅峰之作《查拉图斯特拉如是说》，这个精神婴儿的诞生不能说和莎乐美没有关系。

伟大的诗人里尔克，也因莎乐美而伟大起来。当年里尔克年轻，朝气蓬勃，又敏感而脆弱。这种特殊的个性气质，对莎乐美有着不可抵挡的诱惑。“我不要鲜花，不要天空，也不要太阳，我要的唯有你……”里尔克狂热的孩子气，无意中击中了莎乐美的母性情怀。

莎乐美认为爱情有肉体之爱、灵魂之爱和精神之爱，而真正的爱情应该同时具备这3个方面的因素。她与里尔克的爱情，达到了三种爱情的统一。莎乐美在肉体世界与精神世界里，都积极地引导着里尔克，使里尔克成为一个非常幸运的人。她指导里尔克挖掘诗歌的深度与力度，注重深沉含蓄的内心表达，关注生活，关注自然，要充分表达自己真实的内心感受。她引领里尔克去旅游，去圣彼得堡，参加普希金百年庆典活动，结识大文豪托尔斯泰等，将里尔克带入了人类最伟大的精神世界之中。

然而，莎乐美与里尔克相处一年之后，就认真审视自己的内心，她发现，她对里尔克的爱更多的是关爱、爱怜与同情，还有感动。她更多的是像一个导师和母亲那样呵护里尔克。这样下去，不仅会限制里尔克的个性发展，而且对自己来说也是一种束缚。于是，她要捍卫自己，她坚决地从沉重的爱情中解脱出来，近乎残酷地与里尔克分了手。她与里尔克的肉体之爱延续了 3 年的时间，但他们的精神友谊，却一直持续了下去。

莎乐美所谓的不可抵挡的命运威力，是另一个男人。他名叫安德烈亚斯，他阅历丰富，意志坚定。他带来了莎乐美所追求的男性魅力，那就是力量、意志和勇气。他闯进莎乐美生活中的目的，只有一个，那就是娶她为妻。在他狂风暴雨般的追求下，莎乐美终于答应了他。她被征服了，她嫁给了他。一个年长的男子，只要想征服一个年轻的女子，总是有可能的。

莎乐美答应嫁给安德烈亚斯之前，提出了两个附加条件：一是必须保持她与保尔·里的同居生活方式，不被婚姻生活所破坏；二是她与安德烈亚斯只有婚姻之名，没有婚姻之实，他们不能有性行为。安德烈亚斯崇尚自然，生性温和，他一口答应了下来。

婚后，安德烈亚斯一度想与莎乐美发生性行为，但莎乐美为了坚持自我，为了不依附于任何男人，为了不进入被奴役的状态，她为安德烈亚斯找了一个女佣兼情人。她在拥有婚姻的同时，又从婚姻的牢笼中解脱了出来。莎乐美与安德烈亚斯就是用这样的方式，共同走过了43年的人生里程，直到安德烈亚斯终老而死。

莎乐美的一生，充满传奇色彩，充分体现了人性动人心弦的一面。多少个伟大的灵魂迷恋于她，却没有一个能够完全拥有她。然而，男人通常会用什么方式拥有女人?

首当其冲就是婚姻。在那个年代，或许婚姻是人们首先想到的方式。吉洛牧师、保尔·里、尼采、安德烈亚斯，甚至“内科医生”，当他们被莎乐美吸引之后，首先想到的就是与她结婚。只有安德烈亚斯，得到了她的婚姻。一个只要婚姻，不要性生活的男子，实属罕见，最终能够成为莎乐美的灵魂栖息地，也是莎乐美的幸运。莎乐美与安德烈亚斯之间，并不是没有感人的情谊。莎乐美时常把自己放逐出去，去旅游，去学习，去了解认知外边的世界，疲惫的时候，就会回到家中，回到安德烈亚斯的身边。家，是她疲惫灵魂的栖息地。

其次是友情。保尔·里、弗洛伊德用友情的方式呵护她、关爱她，他们是难得的密友。她甚至与保尔·里同居了5年之久。

第三是性爱。这是一种肉体的需求与欲望，是对肉体的滋润，是保持正常心态的活化酶。性爱让人们可以听到血液流动的声音，让血液燃起最纯洁最美好的火焰。莎乐美因为与“内科医生”保持了12年之久的美好性爱关系，从而没有使情欲泛滥成灾。

第四是灵魂的指引。要想指引他人的灵魂，自己必然有一个伟大的灵魂。吉洛牧师在莎乐美幼小而迷茫的时候，恰好出现。他照亮了她心灵中的黑暗，并且在慢慢人生道路上，一直陪伴着她的灵魂，使她不至于孤单寂寞。

最后是爱情。爱情很容易披上婚姻、友情与性欲的外衣。她与里尔克的爱情，是肉体、灵魂与精神之爱，完美可惜短暂。爱情是一部罕见的杰作，爱情是一种奇遇，它最震撼心灵，也最海市蜃楼般易逝。

当然，不是人人都可以成为莎乐美的。要成为莎乐美，不但要美丽漂亮，充满魅力，要具备过人的才情，最重要的是要坚守自己，在任何情况下，都不要被他人迷惑，不成为任何人的附庸，而自己同时又是丰富的、完整的。也就是说，如果不是莎乐美，就不要去做莎乐美。如果没有能力驾驭自己，又没有那么幸运，遇不到灵魂的善意指引，那只能失去自我。

做自由女人

“做什么样的女人”或“如何做女人”？这个问题的“标准答案”有三个：独立、自我、智慧。独立是目标，自我是定位，智慧是实现的途径。一个独立自主的女人总能保持自我，对自己的生活能够把握和掌控，这种独立空间的取得和对自身命运的掌控倚靠女人自己的智慧。女人的智慧并非指智力方面的优势，更多的是指女人把握自身与外界关系的能力，女人需要智慧来平衡事业和家庭，需要智慧来获得爱情和稳定婚姻，需要智慧来赢得社会地位和尊重。不过，这一切都要建立在拥有自我的基础上。

对于那些未婚的女性来说，丧失自我很可能会把幸福的赌注全部押在一个男人的身上。比如《钱多多嫁人记》里韩依依的选择并没有错，嫁得好是所有女人的梦想，但她错就错在完全失去自我，“韩依依这种女人之所以不被男人重视，就因为她们百分百地依赖爱情，把自己的一切押在丈夫身上，完全失去自我”。韩依依最后勇敢走出了囚禁自己7年的黄金牢笼，可事实上对大部分的“隐性剩女”来说，婚姻如鸡肋，食之无味，弃之可惜，并不是谁都有韩依依这样的勇气和运气。

究竟女性该如何体现自身价值？平等的夫妻关系一定要建立在思想和经济独立的基础上。当今女性，要永远相信，靠人不如靠己，只有靠自己，才能把命运掌握在女性自己手上。

法国女星苏菲·玛索曾说：“女人最可悲的不是年华老去，而是在婚姻和平淡生活中的自我迷失。”在我们身边有很多女人，错误地认为自己只有对家庭百分百地付出，才能体现出自己女性的美德，唯有如此才能换来丈夫的忠诚。一旦结了婚，她们便心甘情愿地放弃兴趣爱好，牺牲自己的梦想。经营起一个家，这已经成了她全部的责任和目的。虽然相夫教子也不失为一种恬淡的生活方式，但若是在家庭奉献中失去了自我，最后受伤的往往是自己。

感情是一种非卖品，它并不是奉献与牺牲的等价物。不是你忍辱负重，做牛做马，就能赢得感情和尊重。女人不能把自己当做家庭的附庸。一个女人可以没有丈夫，没有家庭，但不能没有自我。她首先要成为自己，拥有自己独立的人格和魅力，才能找到她的价值和尊严。

女人不是仅供男人赏心悦目的玩物，她们身上也有挖不尽用不完的潜能。她们能为人妻，为人母，当然也应该保持独立的精神追求、独立的人格与尊严、独立的兴趣和爱好。

女人之所以总难摆脱“被抛弃”的命运，归根结底是女人不懂得自己的价值，更不懂得实现自己的价值。你只要尊重自己的存在，维护自己的尊严，相信自己的力量，不依附于他人，能够在事业的追求与成功中实现自己的价值，女人的人生就可以掌握在自己手里。

年轻不会跟随我们太久，美貌也终会有褪色的那一天。人到中年的女人，青春已然远去，全靠从容安详的气质来支撑。这样的气质需要自信、爱与关怀来滋养，这些东西不是别人赐给你的，你自己就能给自己，学会爱自己才能更宽容地爱别人。洗衣做饭的手，也可以经常捧起尘封已久的书籍杂志。有时间也可以逛逛街，别觉得自己妙龄不再，就不舍得给自己买新衣，不同的年龄阶段也有不同的美丽。

拥有自我的女人是聪明的，她们知道自己在做什么，清楚自己要什么，并抓住所有的可能性。她们懂得男人或者事业还有爱情，早已不再是人生的全部，却是可以改变命运的关键。

拥有自我的女人会说服自己在生活中修为，将自己的心态调整到最佳状态。一个女人想着幸福，就可能幸福；想着不幸，就会不幸。幸福往往产生在那些能自我调节的人身上，不幸往往根源于那些不自觉间让自己产生不幸的人身上。

拥有自我的女人，她们自会注意自己容颜和衣着的修饰与搭配，还有内在的修养与积累。哪怕一个花瓶般的女人，当她有胆色去勾引男人的时候，也是自我在作祟。只是这种自我在世俗眼光看来有点不齿。但毕竟她来得真实，并不矫饰。

女人是情感动物，留一份情感给自己。她必须在家庭、丈夫、孩子之外，还另有一种精神寄托，保留一方属于自己的天空：有自己的朋友圈子，有自己喜欢的工作。

在爱情这条路上，林徽因完整地保持了自我，她因自己的优雅独特、拿捏有余和坦坦荡荡，成就了三个男人：没有她，梁思成不会学建筑；没有她，徐志摩写不出“波心一点光”；没有她，金岳霖不会沉下心成为学界泰斗。你也可以成为“思想和双脚完全自由的女人”，在保持自我之中收获属于自己的幸福。

不会调情的女人没前途

做传统的好女人，实在是成本太高，机遇太少，过程太长。这跟红颜易老的规律相矛盾。这个世界欢迎精彩刺激、敢爱敢恨、不按牌理出牌、亦正亦邪的放肆女人！一本正经、没有情调的女人没有前途，所以别再让贤良淑德的老调埋没自己。

有句俗话：男人不坏，女人不爱。实际上，女人并非喜欢坏男人，而是喜欢男人的“坏”。更准确一点，女人都喜欢会调情的男人。同样，男人也喜欢会调情的女人。

也许你没有傲人的胸围，身材不若杰西卡·阿尔芭惹火；也许你没有天使的脸蛋，相貌不如李嘉欣完美，于是你就不奢望自己能在人群中脱颖而出——这可大错特错了！女人要才貌兼备的说法早已过时。头脑引领着的智慧、品位、谈吐……才是致命的吸引力。《欲望都市》中那个才华横溢的时髦女作家，论漂亮说不上，在电影大结局中，凯莉·布雷萧平凡甚至苍老的脸庞让全世界的女人吃惊，但同时可以欢欣鼓舞：因为一个有脑子的角色、一种不负众望的风格品位，让女人可以以平凡的外貌风情万种，并令人彻底忘记她的真实年龄。而当张曼玉在《花样年华》里穿着旗袍腰肢摇曳地走下狭小的楼梯时，男人女人都被迷住了，其实，“她并不是特别漂亮，也不是特别性感，只是这个女人太有味道了”。

女人是否受到关注与欢迎，与长得是否漂亮其实关系不大；而一个会调情的女人，却总能吸引男人们的目光。记住，调情不是穿上最大限度暴露身体的衣服、喷洒上名贵的香水招摇过市。会调情的女人风情万种，但她可以相貌平平，可以年龄不小，却一定充满智慧，所以，与其把时间和金钱花在抽脂丰胸和注射肉毒杆菌上，不如练就这门新的高智商游戏的真本事。

调情是一种智慧

如果说起调情，可能会让你直接联想到上床，那只能说明现在社会对性爱的讨论都疯过头了。“调情”一词源于 19 世纪中叶，由一群布尔乔亚创造出来。但这个词最开始与上床没有任何关联，他们只把调情当做社交的一种手段，是种“上流美”的礼貌性反射动作。在今天，调情和上床也没有多大关系，它甚至根本就不属于情爱这个小圈子，只是聪明人的“社交前戏”，浓缩了幽默、亲和力、品位情趣、艺术气息等等优质情商的关键词。

我们经常会看见一些女人天天抱怨“世上负心汉太多”，不要可怜她们，这些女人大多是不懂调情的受害者。对她们来说，吹一声口哨可以演变为流氓事件；赞美一下大腿恐怕要引起一场斗殴。她们的错误在于把男人的调情当做了爱情，而不是一种社交手段。至于爱情，应该是认真的，如果不是，那就是调戏。

调情是一种智慧，调戏则不是。因此，你应该重新看待调情这个词。事实的真相是，调情并不是为了性，也不是为了爱，它是活化人际关系的“有氧运动”，可以看成是人际交往过程中的一项富有趣味的“集体游戏”。

一个会调情的女人聪明可以自信优雅，可以诗书满腹，可以舌绽莲花……因此，别再死抱着礼仪教化当个没情趣的傻女人，调情是新社交的“基本礼仪风范”：男人献殷勤天经地义，女人适度挑逗也习以为常。今后再听到“听起来真甜”、“好想吃你一口”的外交辞令，千万不要大惊小怪——这也许已是鸡尾酒会里最得体的对白。

不会调情的女人没前途！不要大惊小怪，这个世界属于会调情的“坏女人”！情场、职场、社交场，暧昧就是生产力，越调情越成功——这份优质情商才是聪明女人赢得世界的关键！

调情的力量

女人是天生的外交家。许多公司的公关主管大都是女性，虽然不能说这些人个个都是调情高手，但至少也是把红颜资本最大化的操盘手——尽最大可能地在职场上运用性别魅力，让人心情愉悦，感觉亲切，并愿意为此而效劳。

像这样的女人远不限于公关行业，她们眼中带笑、言行暧昧，吸引着男人女人的注意力，并且越是在男人成堆的地方，越能发挥重大作用。《色·戒》捧红的年过30的汤唯，镜头前上演“拉链门”事件，让李安和公众一起集体“洗了个热水澡”，血脉贲张，但却仅此而已。排山倒海3分钟，拉链拉好了，汤唯也上头条了——现代江湖，暧昧就是生产力。

你是不是也曾感慨，怎么如今妖精一般呼风唤雨、引人关注的“坏女人”都是些相貌再普通不过的人？道理只有一个：不是只有绝代佳人才有资本玩转世界！这句话的另一注解是：没有丑女人，只有笨女人。

德国总理默克尔，不能算是传统意义上的美女，然而，她再度获得大选胜利使用的招数，那可是典型的“美人计”。参选前的默克尔，先声夺人，使出“美人计”，一改往日政坛强人着装作风，身穿一袭黑色低胸晚礼服出席活动。当天她展现出的性感形象以及露乳沟的尺度简直引发了“国际争论”。对此，默克尔的回答砸向了全世界：“很简单，因为德国总理是女性。”

这还只是开始，在连任竞选的海报上，是默克尔身穿低胸晚装的大幅巨照，并打出“我们还可以有更多奉献”这样幽默而富有调情意味的标语。

政治与政客在我们心目中枯燥乏味、正襟危坐的印象，随着默克尔这“美人计”的惊艳登场，令人耳目一新——穿爆乳装也同样有杀伤力，甚至还增加一份前所未有的亲和力。当“铁娘子”着性感晚装弯下身子的时候，她给人们看到的，除了那深深的乳沟，还有那颗智慧的心。

用女人的方式赢天下，在今天有了新的演绎。谁说女强人就不能把领子再拉低一点、把背露多一点、把裙衩再裁高一些？年轻貌美也不一定是俘获人心的关键，更说明这种所谓的“美”，含量更高的是内涵。高智商调情的结果——无论是与公众、还是与男人，都证明了“美人计”永远都比埋头苦干更具吸引力：2009 年 9 月，默克尔宣布成功连任德国总理；而布吕尼得到的，也很明显不仅仅是个只拥有核武器的男人。布吕尼从一位过气模特、花边艺人，一跃成为社会名流、世界焦点，这同样离不开“美人计”。

在成为法国总统第一夫人之前，卡拉·布吕尼的确是一个大美人，凭借迷人的外表，19 岁就退学进军了模特界，不久就成为世界顶级名模。之后涉足音乐界，同样也取得了不俗的成绩。更重要的是，她深受意法两个时尚与艺术国度熏陶，同时又出身于艺术之家。

但问题是，她已经 40 多岁了，年华不再，美丽的容貌已随时间的流逝渐渐离去，她在模特界的地位早已被一群更年轻、漂亮的女孩所取代。不过，就是这样一位中年女子，却一举出击，用她 20 年不变的“美人计”搞定了这个世界上为数不多的、“拥有核武器的男人”萨科奇，成为法国第一夫人。据说布吕尼与萨科奇从初见到坠入爱河的过程不超过 60 分钟。在相识的宴会上，布吕尼无视社交场合礼仪，对位高权重的总统使用法语中非正式的称呼“你”。毫无意外地，萨科齐被这个环境中唯一“不那么尊重自己”、称呼自己为“你”的这位美人像“磁铁”一样地吸引住了，这一点可以从 3 个月后他们就步入了婚姻殿堂得到印证。

这就是调情的力量，然而现代女性却拒绝这种天赋的能力。也许是现代女性对自己的拯救有点矫枉过正。她们的世界越来越大，钱挣得越来越多，头发剪得越来越短，对男人的依赖越来越少，她们才懒得花时间调情，她们认为既然攻得下MBA，怎么会猎不到喜欢的男人？但这样雄心勃勃的女人看上去更像男人们的兄弟。而另一群女人仍陷在“好女人”的误区，苦苦挣扎着。但很明显，现在就连“好女人”的顶级品“玉女”也不吃香了，取而代之的是各路“欲女”，甚至“恶女”一路凯歌。

因此仍在冲锋陷阵的女权主义是时候调整步伐了，并与“变坏一些”的新时代女人风范握手言欢。翻翻近几年的福布斯女性权力榜：穿低胸装的默克尔、舌绽莲花的奥普拉，哪个不懂得调动女人优势，增加成功砝码？倒是打开最失意的人选榜单，必然包括以希拉里为首“像男人一样”的强硬派。

而看看全球正红得发紫的新偶像的名单：再没了任由男人如何出轨撒野都默默坚忍、“三从四德”的超级玉女；好莱坞的各路甜心偶像也早已垮掉！离经叛道、出奇制胜、一颗不安分的心、挑动公众的感观神经……才是今天的王者之道。

大胆爱，大胆追

快速直接的现代节奏里，矜持不再是讨人喜欢的处世哲学，没人乐意花10倍的时间去敲开一个深藏的心扉。羞怯木讷的美女会败给热情如火的“灰姑娘”——这个世界没有绝对的优势，就看你胆子够不够大。要记住，胆色胜于女色。女人没胆，男人不爱。女人等待白马王子的时代已经过去了，现在流行灰姑娘比王子更有胆识。据调查，95%的男人都喜欢被女人主动调情，王子也不例外。

2000年悉尼奥运会期间，澳洲平民女子玛丽·唐纳森在悉尼一家酒吧，遭遇了随几位欧洲王子一同出游悉尼观战奥运的丹麦王储。王子们的高谈阔论吸引了邻座热情奔放的悉尼姑娘们，虽然她们并不知道在座的是真正的各国王子。调笑间，有人提议“谁足够大胆，敢去触摸对面男人们的胸肌，然后说说谁最性感”。女郎们面面相觑，没了声响，“灰姑娘”玛丽·唐纳森站了出来……于是，原本并非最美丽的玛丽·唐纳森，如此这般惊艳地走入了丹麦王储的视线，并成为了他的王妃。

平凡的澳洲女子玛丽·唐纳森真实地上演了一场现代版“灰姑娘”的故事，但这并没有什么。因为身为传媒帝国掌门人默多克妻子的邓文迪早已深谙此道了，邓文迪原来只是一名普通的职员，她每天都会笑对同事，并直截了当地介绍自己：“你好，我是邓文迪。”性格开朗的她是怎样从普通女职员成为默多克传媒帝国“第一夫人”的呢？据说在一次高级管理人员的酒会上，全体人员都看见默多克独自在角落里喝酒，却没人敢去搭讪，这种集体胆怯给了邓文迪脱颖而出的机会。身价100亿的默多克，见识过太多比邓文迪漂亮、年轻、性感、妩媚的女人的传媒大鳄，在遭遇“你好，我是邓文迪”之后，也倾倒于这份巾帼气概，最终将她迎娶入门。

世界上最可悲的事情是什么？恐怕是泰戈尔那首《世界上最遥远的距离》所描述的景象：世界上最遥远的距离，不是生与死，不是遥远或瞬间，不是意念或誓言，而是我站在你面前你却不知道我爱你。

爱情总是不期而至，让人措手不及，也许对感情的虚无缥缈你无法把握，对秋水伊人的爱意只在心里煎熬。但是你为何不静听你的内心，难道非要眼看着自己心爱的人越走越远，自己难受才觉得舒服？别让沉默抑制自己了，大胆追，大胆地爱吧！

会调情，得天下

如果你对一个女人说，你不会调情。女人一般都会瞠目竖眉：我干吗要调情？或者说：不会调情怎么了？

不会调情没什么，只不过生活就缺少了点趣味，这不是罪过。不过，你要认识到会调情是一个女人必备的一种魅力，就好像一个人的灵魂。一个人，如果没有灵魂，那会是怎么样的一个人？同样的，一个女人，如果不会情调，长得再漂亮，也犹如一朵几近枯萎的花，一潭永不流动的死水。

在一些女人眼里，还是习惯把调情与好色、情欲、性联系起来的。事实并非如此，正如前面所述，女人的情调不是财富可以堆砌的，而是靠一个人的修养来体现。有财富的人可以珠光宝气一身，但那不是情调，那是流动的珠宝展览厅。情调，是一个女人身上的灵气，一个女人要有情调，更要懂得调情。这年头，不怕别人说你是万人迷的“妖精”，就怕你连“迷人”的资本都没有。

2009年1月20日，白宫里缭绕着经典情歌《At Last》，刚刚上任的美国第一位黑人总统奥巴马和他的妻子米歇尔在众人瞩目之下，轻拥而舞，他在赢得大选之后，上演了一场夫妻恩爱秀。

其实，在整个沸沸扬扬的选战过程中，米歇尔助奥巴马一臂之力，不遗余力地为公众奉上一堂妻子与丈夫之间的调情公开课。“看见他的妻子深情地注视着他，就知道他原来并不是那么坏。”这个理论出自一部社交名著，历经实践，铁证此言不虚。

每一次在丈夫演说前，米歇尔都会轻拍奥巴马的脸颊；演讲后，米歇尔又会自然握紧丈夫的手，十指相扣；夫妻俩时而攥紧拳头互相轻击以示庆祝；时而四目相视、毫不避讳地展现彼此的亲密……在大胆的调情示爱中，米歇尔将自己的丈夫送上世界的权力巅峰，上任时，他们紧紧相握着双手一起宣誓——这看上去实在完美，风云政坛洋溢恋爱般的甜蜜，这个天下该有多么浪漫？

米歇尔是聪明的。她与喜欢抢丈夫风头的希拉里·克林顿不同，也不学劳拉·布什做保守的家庭主妇，她与丈夫的“调情恩爱秀”不仅帮奥巴马赢得了美国的信任，甚至带动了职业女性的全新婚姻方式！米歇尔不仅当律师比丈夫早，薪水也比丈夫高，但进入政治社交界后，她既不当“铁娘子”，也不做“花瓶太太”，而是集感性与知性、强大与女人味、独立与依赖于一身。

奥巴马的竞选中，米歇尔是绝对的砝码，只是她既没有站在他身前，也没有躲在他身后，她只是握紧他的手并肩站在他的身旁，大胆深情地告诉世人她有多么爱他。

相敬如宾已太老气，“爱你在心口难开”的时代也已经过去。看维多利亚牵着小贝在杂志上秀床第之爱，于是看似风雨飘摇、绯闻铺天盖地的婚姻，在贝嫂气定神闲的情爱大公开中，已安全走完10个年头，两人也当之无愧为全球最受瞩目的明星夫妻。他们还组成夫妻组合，推出首张音乐专辑《Beauty and Geek》，这又是一次面对集体的公开调情了，至少爱意浓醇。

曾有人给女人提出一些极其荒谬的爱情及人生忠告，比如“抓住他的胃，就抓住了他的心”、“怎样做个好女孩之××规则”等。实践证明，这些绝对都是不靠谱的馊主意！饭只要是热的，男人就会吃，在厨子和风情万种的美女之间，荷尔蒙正常的男人还是大半会选择后者！商场、职场、社交场，所谓“好女孩”那白衣飘飘的乖乖女形象更是已经过时到只能和墙纸重合在一起做壁花。

残酷的现实告诉我们：做传统的女人，实在是成本太高，机遇太少，过程太长，这跟红颜易老的先天规则相一致。张爱玲说：“正经女人虽然痛恨荡妇，其实若有机会扮个妖妇的话，没有一个不跃跃欲试。”这个世界欢迎精彩刺激、敢爱敢恨、不按牌理出牌、亦正亦邪的放肆女人！一本正经、不会调情的女人没有前途，所以别再抱着贤良淑德的守则任劳任怨、埋没自己了。

调情是示爱的绝招

调情是言辞艺术里的示爱绝招。当人们在影视作品中看到一位很有教养的男子向一个身材纤细、气质高贵的妇人暗送秋波或话中有话时，总会在心里感叹：多有情调！或者看到青春小伙儿向妙龄女郎吹一声口哨，或一句意味深长的“Hi”，或一个亲昵的动作，我们的反应是：瞧人家多有活力、生活的阳光多么灿烂！实际上，此时的“调情”已经成了率直、开朗、幽默的代名词。

在我们这样一个急需个性与魅力的时代，调情的作用是不言而喻的。如果用意不是猥琐的、不道德的，那么实际上它是一种健康的娱乐，会给你的生活带来亮色，使生活变得更加轻松活泼、更有意趣、更自然、更人性。

调情可以是几秒钟（含情脉脉丢个眼神），也可以是几个星期、几个月的妙语连珠。通过语言（有时甚至无须语言）使对方浮想联翩、心波荡漾，结果两情相悦、皆大欢喜。所以，只要能把握住分寸，又何愁不能营造出各种温馨醉人的情调呢？

如果你性格有点怯弱，不能在社交场合保持自信，那么“长线”调情对你来说更为合适，也就是说，对某个“风流的陌生人”远距离地、一闪而过地发出一声感叹。有时你自己也会遇到这种“长线”调情。其最基本的方式是，某人对你大叫一声：“哎呀，绝代佳人啊。”这人离你有一段距离，使你不觉得受到冒犯，只感到十分有趣，卡车司机对这种做法乐此不疲。

“长线”调情十分普遍，因为它不需要很大勇气，风险系数很小。调情时不要粗鲁无礼，你的目的是使别人启唇微笑，而不是心惊肉跳，也不要以为这种做法为男子专用，如今的女士不比从前，完全可以经常采取这种闪电行动。

有一项研究资料表明，男人认为会调情的女人比不调情的女人更有魅力，所以大胆一点，只要确信你不会给别人留下不好的印象就行。另外，进行“长线”调情的时机也要选择恰当（例如，午夜两点，在城市某个是非之地步行时，此举就不合适了）。

如果你不满足于“长线”调情，而想进行更为长久的交流时，可以考虑下列调情技巧：

赞扬的作用。恭维对象应直接是对方，而不要光夸某一物件。如果你说：“我喜欢你的领带。”就会使那个男人感到迷茫，不知道你喜欢的是领带，还是他这个人，所以你应该这么说：“你戴着那条领带相当潇洒，它使你的眼睛显得格外清澈。”

表现出洗耳恭听的样子。不时的点头称道，对方说完后，你考虑一秒钟就赶紧作答。因为，你也许注意到了，在一对一的情况下，你越琢磨该说些什么，就越会心慌意乱，张口结舌，在你的交谈中如果出现了这样的冷场，争取把话题引到你们已经谈过的内容上，而不要匆忙开始新的话题，旧话重提说明你对刚才的谈话很注意听，很感兴趣，从而保证谈话可以继续进行下去，你不必总是搜肠刮肚，寻找绝妙的话题去带动谈话。

不要交浅言深、盘根究底、探问别人的隐私。诸如“你在哪儿长大的?”或“你爱看恐怖片吗?”等问题则轻松愉快，比较合适，这显示你愿意了解对方。请不要提“主题太大”的沉重问题，如“你的人生目标是什么?”表现开朗随和的魅力，你可以跟他提及你在那次枯燥乏味的集会上看到过他，你可以重提上星期他说过的一个话题，你可以告诉他你喜欢他新理的头发，你可以告诉他你第一次听到他的笑声时是多么悠然神往。

凝望对方的眼睛达 1 秒钟以上，但是不要死死盯着。然后移开目光，让对方有时间弄清你凝望的是他（而不是周围的其他什么人）。然后再次凝望对方，这次应面带笑容。擦身而过到女子更衣室去的路也许有好几条，你可选择能与他半路相逢的那条。走在他的前面，让他欣赏你的倩影，如果道路拥挤，你可以假装无意地与他擦身而过，不要做得引人注目，走过时要面带微笑。

交谈中，漫不经心地把手放在他的胳膊上，这么做的最佳时机，是在对方说了一句绝顶聪明或特别逗人的话后。触摸的意思你自然了解；你是在动情了，可是注意，千万别做得过分。

如果你们并排坐着，不要只让他看到你的肩膀。说话时面朝着他，这会使对方觉得受到尊重。

尝试把你与他的距离拉近。你没必要把呼吸喷在他的领结上，但是也不要离他 3 尺远。上前一步，让他对你消除戒心，不要退缩。

当然，以上所说都只是建议，在特定环境下，在特定的人身上，有的特别灵验，有时则不适用。找到对你来说最顺手、最成功的方式，培养你独特的情调。风格一旦形成，不要保守，不要藏着掖着，把你的魅力四处播散吧。

把钱花得心安理得

聪明的女人花自己老爸的钱最硬气，花男朋友的钱最顺心，最具爱心。花老公的钱有时候觉得像是花自己的钱，但还是比花自己的钱舒心。怎样来花男人的钱是一门学问，聪明的女人总能把男人的钱花得皆大欢喜，恰到好处，因为她们知道，花谁的钱能幸福，花谁的钱会招来灾祸。

如果一个男人为你花钱如流水，你开心吗？如果他吝啬得如守财奴，你恼怒吗？他说男女要独立，所以各人花各人的钱，你同意吗？他说爱你就是疼你，所以请你花他的钱，你愿意吗？当你花他的钱的时候，他的表情是高兴，还是沮丧？男女关系因为牵涉方方面面，特别是钱的因素，所以绝不简单。

对于一个女人而言，懂得消费，是一种自我解放的标志。这世间喜欢花钱的女人很多，舍得花钱的女人很少，但会花钱的女人却是少之又少。对自己大方的女人不一定比对自己抠门儿的女人过得舒服，对自己抠门儿的女人未必招男人待见，而只有会花钱的女人才是最幸福的。

有人说："花男人的钱，做女人的感觉真好；花自己的钱，做人的感觉真好。"聪明的女人总能在两者之间恰到好处地拿捏尺度，她们经济独立，但不排斥去花男人的钱。这些女人认为，只有傻女人才为男人省钱或赚钱，而自己不花一分。她们并不拜金，更不是败金女，只是认为男人的钱一定要花，可要花得有技巧。

花男人的钱，不是拿着家里的积蓄去商场扫货，而是让男人心甘情愿地把钱送到你面前；花男人的钱，不是毫无节制地索取与挥霍，而是量力而行；花男人的钱，不是全身倒到男人身上依靠他，而是在同甘共苦的情况下，向他要求再爱你多一点。总之，她们从不把花男人的钱当做一次简单的消费行为，而是将其看做一项有技术含量的工作。

只有傻女人才为男人省钱

经济学家评论婚姻的成败与否得出一个非常重要的结论，婚姻之所以维系或者分裂，其实最主要的原因是经济。因为两个人长久的经济依赖关系，使得出现裂痕的夫妻必须通过其他方式来修复自己的婚姻，并且努力回复到完满的状态。

如果其中一个人经济不独立，那么另一个人便会不再顾忌因为经济原因带来的纠葛，当不存在其他必须维持婚姻关系的因素时，经济独立的那个人会毫不犹豫地选择离开，或者是在外面包养新的情人。女人们觉得如果男人经济不独立，便会强烈地看不起男人。其实男人们也是如此，只不过男人们碍于某种面子，掩藏了自己内心的真实想法。

现今社会绝大多数的女性已经做到了经济独立，她们购物的时候不再为钞票来自何处而感到担忧，可以大方骄傲地送自己老公礼物；当一个经济独立的女人走出家门，会带回各种见识和趣闻，因此每天的你，都是全新的你；你储蓄了属于自己的金钱，你的精神财富也不会枯竭。

不过有一点要特别强调一下，女人一旦变成主妇，往往会变得很节俭，舍不得吃，舍不得穿。但女人的这种牺牲未必能够换来男人的欢心，久而久之，反而招男人厌烦。节俭是一种美德，独立是一种素质，但美好的品格加优秀的素质未必会带给女人一份美好的生活。不要认为男人会对一个独立而节俭的女人心怀感激，从男人的自尊心或者责任心的角度来说，几乎所有的男人，都有庇护妻子的欲望，他们的大男人主义希望在自己的女人面前有成就感，而过分独立却使他无法在你的面前体现自己作为丈夫的价值。因此，作为女人一定要学会花男人的钱，千万不要为了所谓的独立不花男人的钱。要知道，对爱面子的男人来说，给自己的女人花钱是件自豪而享受的事情。

独立没有错，但过分独立就是你的错。太过独立的女人并不可爱，对男人来说，你这样的女人可能是个节俭的好妻子，但同样也是个乏味的女人。记住，只有傻女人才为男人省钱。

张爱玲第一次花着胡兰成所给的零用钱，心里流溢着小女人的幸福，她已经找到了此生身心依附的港湾，她那孤独且不被了解的灵魂，不再幽幽地发着冷光，温暖不了自己。张爱玲出身名门望族，祖父张佩纶娶的是李鸿章的女儿，是真正意义上的贵族，她 20 几岁即已名动上海，像这样的女人不可能没钱花，但张爱玲与胡兰成订婚当天，胡兰成给了张爱玲第一张支票，她喜滋滋地拿去买衣服。没有资料可考据那天张爱玲买了些什么衣服，但可以想象，张爱玲拿着胡兰成给的钱逛在大街上，看着橱窗里大红的中式旗袍，金色的洋式礼裙，甜蜜和喜悦早已溢掉买衣服的冲动和乐趣。

女人要学会唾弃免费的东西

在这个金钱影响价值的时代，所有事物都必须依据它的代价来裁判，而且一切事物都有价钱。免费供应或者经过打折的事物，往往依随着受恩的复杂情感，或者意味着某种程度的妥协。

有些女人完全陷在自己的渴求与欲望里，她们一开始就假设恳求的对象能够慷慨大方，乐于给自己花钱。但这种想法是极为危险的。这些女人并不知道，你所恳求的对象不会无缘无故地付出金钱，他们也禁闭在自身的需求里面，当他们付出之后，必定会找机会索取回报。

作为女人，一定要学会唾弃免费的东西，更不能成为贪婪的人。因为贪婪的女人眼里只有钞票，必然冷酷无情。这样的女人会将其他人看成追求财富的路上的抵押品，或是障碍物，她们不仅践踏别人的情感，同时还疏远珍贵的盟友。没有任何一个男人想跟贪婪的女人在一起生活，她们的信条是男人的钱不花白不花。不管是什么男人，也不管自己爱不爱这个男人，只要有钱可图，她就能跟任何男人谈情说爱。这种女人像是货架上的商品，可以随便出售给任何顾客。

我们将此类女子称为“拜金女”，“拜金”一词无疑带着深深的贬义与道德的谴责。然而，并非所有花男人钱的女人都是十足的拜金主义者，也不是所有花男人钱的女人都是不幸的。引用张爱玲的一句话来解答：“算到头来，每一个男子的钱，都是花在某一个女人身上。”可见，如果有一个男人对你的依附感到欢喜，并愿意为你花钱的话，可能也是一种幸福；但这种幸福恐怕不会长久。

莎士比亚说：“金钱是一个好士兵，有了它可以使人勇气百倍。”诚然，钱确实是好东西，虽然它不是万能的，但缺少它便是万万不行的。特别是在这个物质时代，没钱无疑是寸步难行。为了拥有这样的一个好士兵，人人每天都为此而奔波劳碌。对于当代女性而言，经济上独立无疑是社会地位和家庭地位的重要表现载体，经济的独立方能让女性获得真正意义上的幸福；当然，女性是可以花男人的钱的，但必须是在相爱的前提之下。否则，便是一种买卖。

女人花谁的钱更幸福？可以说是仁者见仁，智者见智，它在于一种价值观和人生观的差异。当代女性不管是花谁的钱，都应该树立正确的价值观和人生观，要清楚花谁的钱能幸福，花谁的钱会招来灾祸。

这个时代，爱情与金钱永远是人们最想要的焦点事物，它们也常常因此相克相生：困惑的是有钱没爱，痛苦的是有爱没钱，伤感的是钱让爱变，喜悦的是爱让钱变。而喜悦的，大约是最少的。但你该了解，幸福是拥有独立的人格和尊严，自重自爱，不为金钱而扭曲自己的思想；拥有健康的身体、睿智的思想、乐观的内心，才是幸福女人之根本。

把男人的钱花得皆大欢喜

男人的钱要花，但一定要花得有艺术，要像张爱玲那样，自己赚着大把大把的钱，却常要纠缠着胡兰成要零花钱，虽然花他的钱，却不是真的冲着他的钱去的。她要的不是钱，而是一种受宠的感觉，一种爱。如果你爱一个男人，愿意与一个男人相依相伴，为什么不肯花他的钱，或者让他为你付出，向你表达爱意？比如拉着他陪你去专卖店里买件新衣服，以撒娇的方式向老公索要一枝玫瑰……这些都是给予男人向你表达爱意的机会，千万不可放过。

实际上，爱情就是一堆账单。对于男人而言，能有一个女人乐意花你的钱，或是你乐意为某一个女人而一掷千金，可以说是一种幸福，更是一种爱的体现。虽然爱情不是买卖，但在物质时代，付出金钱只是一种表达爱的方式。很多时候女人往往不自觉地用金钱来衡量一个男人对自己的爱究竟有多深，而这并非拜金，也非虚荣，而是一种很现实的爱情考验而已，也是一种小女人情怀作祟。当然，女人花男人的钱要花得心安理得，也是需要付出的，前提无疑是相互关爱。爱一个人而这个人愿意为你花钱，没有人会说这样的女人是不幸的。

金钱与爱情，当然不能混为一谈。但是，不能否认，爱情与金钱多多少少有着千丝万缕的联系。作为男人，为心爱的女人花钱，没有不快乐、骄傲、满足的；作为女人，爱你的男人肯为你花钱，没有不欣喜、感动、幸福的。有人说，男人敢花钱才证明他的成功与自信；也有人说，男人能省钱才是会过日子。那么，你的男人肯为你花钱吗？和他在一起，你收到过最贵的礼物是多少钱的呢？在钱财方面，你又喜欢怎样的男人呢？

有一句话说："女人的美貌让男人停下，女人的智慧让男人留下。"与美丽的女人交往，使男人学会花钱，因为美丽的女人喜欢追逐时尚，知道怎样享受高消费。与聪明的女人交往，使男人学会挣钱。因为聪明的女人懂得利用自己的智慧去鼓励和帮助与自己交往的男人，让男人在事业上更加成功。聪明的女人也会从男人那里获取更多的金钱，男人挣多了金钱，也无所谓给聪明的女人花多花少。

聪明的女人花自己老爸的钱最硬气，花男朋友的钱最顺心，最具爱心。花老公的钱有时候觉得像是花自己的钱，但还是比花自己的钱舒心。其实，女人究竟怎样来花男人的钱实在是一门了不得的大学问，总之，聪明的女人总能把男人的钱花得男女皆大欢喜，恰到好处。

让男人恋上你的床

一个聪明的女人，不会妄图去证明自己的男人坐怀不乱，而是让男人习惯拒绝除自己之外的女人来坐怀。只有愚蠢的女人，才去考验男人的人性，然后，两败俱伤。成熟的女人懂得，性爱的完美并不仅仅出自技巧，而是来自态度的完美，以及对性爱应该所持有的正确观念。

毕业于牛津大学的作家、表演家以及企业家赛莫夫曾经写了一本名叫《男人除了性还在想什么》的书，该书销售火爆，一度超过《哈里·波特》和《达·芬奇密码》。令人不可思议的是，这本书除了封面上印有博人眼球的“男人除了性还在想什么”的字样外，书内 200 页都是白纸，售价为 4.69 英镑。人们购买这本书除了当做礼物外，很多学生用它当笔记本。作者赛莫夫出版该书无非是想告诉众人，除了性，男人什么也不会想。实则不然，其实男人多多少少还是会想一些的，那就是与一个什么样的女人发生性关系。

女人常说，男人是用下半身思考的动物，可见男人对于性爱极其重视，他们无法忍受有爱无性的婚姻与恋情。可是，男人究竟喜欢什么样的女人在床上呢？在性爱中，大多数女性有着过多的忧虑。她们追求性高潮，希望丈夫配合自己，可是却又碍于面子问题，生怕说出来会让男人误会，所以就只能闭口不谈，由着男人怎么做，委屈着自己。她们担心自己野性一点，使用性爱工具及性感内衣会让丈夫质疑自己，因此只能做一个床上的淑女，循规蹈矩的。可是，这并不是男人所想要的！

男人更希望女人在床上施展自己的魅力，野性一点，坏一点，能主动提出自己的欲望及要求，并且知道如何配合丈夫；她们深谙性爱技巧及性爱知识，会使用多种体位，让自己体验快感的同时也能让男人欲仙欲死，欲罢不能。这样野性的女人，最是男人想要的！著名男性情感作家曾子航说："男人都是绅士流氓的混合体，所谓良家妇女只满足了男人一半的心理需求——他的绅士情怀：娶个体面的淑女回家，过起光鲜的中产生活，而他另一半的流氓心态却无从宣泄，一旦在刻板的婚姻课堂里待久了，不少男人就想逃学，就想到外面找个'坏女人'过把流氓瘾。于是如今男人的外遇越来越多。"

一个成熟的女人懂得，性爱的完美首先是态度的完美，对待性爱应该有正确的态度。淑女的时代已经过去了，"新品种"的野性女人优雅而独立，自信而神秘，才能令男人怦然心动，产生建立长久关系的甜蜜行动。

男人的"妓女情结"

《金赛性学报告》曾提出：男人每 6 秒钟就有一次性幻想，而且在任何时刻，任何地点都可能产生这种幻想。无论是他们目光滑过一个性感的脖子，或者地铁里的广告牌，或者高楼上一团暧昧的灯光，或者闻到一阵莫名的香水气味……都会微微合一下眼，体会那瞬间的快感。

女性朋友觉得她们“每个月总有那么几天”的那桩事实在是有够麻烦，不只是脸色苍白，连脾气也变得暴躁，不过当看到弗洛伊德的这句话：“男人的不幸在于终身生活在强烈的性幻想当中。”你就会明白：上帝是公平的，它让女人每个月烦恼几天，同时也让男人为性幻想煎熬一辈子。

那么，男人们到底在看什么？到底幻想些什么？乳房？大腿？容貌？……男性喜欢看的当然是美女，享受视觉的刺激，同时在内心起一些波澜，瞬间完成性幻想的全过程。至于男人性幻想的对象，美国心理学家曾经作过一项调查，结果却惊人一致：不管男人性幻想的对象是谁，她们都是“坏女人”。奥地利伟大的心理学家弗洛伊德把男人这种心理归结为“妓女情结”，并曾在《爱情心理学》一书中进行了详尽的分析：对那些纯洁善良的女子，男人通常不会动心，情爱的诱惑力永远来自那些贞操可疑、性生活不太检点的女子。对男人来说，女人越是轻浮淫荡，他们越是爱得发狂。

这个世界上有两种人：男人和女人。而男人却习惯地把女人分为两种，那就是好女人和坏女人。评估一个女人好坏的标准是什么呢？只要看看她们对性爱和家庭生活的态度就可以辨别。实际方法非常简单：只要看看她们对于陌生人的无理要求的反应就可以。好女人会直截了当地说“不”，而坏女人可能会说“什么时候”。事实上，绝大多数的男人都喜欢后者。

每一个男人，或者说每一个成年男女，都会有正常的性幻想。那么，为什么绝大多数的女性可以接受老公性幻想的对象是女明星，却不能是隔壁的女人呢？就算那个女人没有你漂亮。你要知道，男人性幻想的对象，往往是他觉得性感的女人，那女人能够勾起他的欲望，而不是因为谁更漂亮。甚至可以说，男人在乎女人的身材与韵味，远比男人在乎女人的容貌要多得多。

如果你感到伤心，是因为他把性幻想的对象如此具体化，而他的幻想如此严重地影响了你的情绪，那么你应该坐下来，冷静地分析自己的不足，或者心平气和地与老公开诚布公谈一谈。夫妻间有效的沟通，往往能及时解决问题，化解矛盾。古希腊雄辩家德摩斯梯尼曾说："我们有妓女为我们提供快乐，拥有侍妾满足我们的日常需要，而我们的妻子则能够为我们生育合法的子嗣，并且料理家务。"男人习惯将妻子视为母亲与"好女人"的象征——圣母，同时他们也视"坏女人"（妓女和情人、小三儿）为性爱的对象——"妓女"。这就是许多"好女人"的悲剧，他把尊重、感激给了你，甚至把你神圣化了，却把鲜活的性和爱给了"坏女人"。

在性方面，男人与女人之间在大多数的方面都是不同的，男女之间只有互相学习，互相研究，才能达至和谐的状态。好男人和好女人都不是天生的，而是互相教育的结果。同样，谁也不是天生的"性爱专家"，这也是可以通过学习练就的。

女人并非天生厌"性"

女性的内心世界丰富多彩，总是拥有许多属于她们自己的秘密，即使是朝夕相伴的丈夫，也很难了解她的内心世界的全部。尤其是在性爱这个问题上，她们的心灵深处永远保藏着几乎无法洞悉的秘密。

在性爱方面，大多数的女人总是如沉默的羔羊，等待享受男人赋予的柔情蜜意或者激情征服，做爱开始后，当妻子的常常做出一副虽然厌烦却勉力为之的模样，让男人觉得，她这样做并不是为了自己，而是为了让丈夫得到满足。男人们虽说粗心，但到了此时此刻，却是善于观察，善于揣摩的。于是，他们在无形之中就形成了女人讨厌男人性要求的印象。

此外，一旦女人在性爱过程中表现出正常的反应时，男性经常使用“风骚”、“淫荡”等词语来形容。言下之意并不是称赞她长于性爱，而是对她们从性爱中求得乐趣的行为表示谴责和蔑视。在某种程度上来说，男性的这种评价就等于是社会的评价。所以，这种评价就以社会行为规范的形式出现在女性面前。就算是内心十分渴望性行为。在男人面前，女性也要尽量表现得庄重、矜持，装出一副对性爱毫无所知的模样，当实在装不下去的时候，便更是故作厌烦，半推半就地接受男性的抚爱。女性的这一系列表演无非是在提示男性：我不是坏女人。

在男性化社会里，男性所作的道德评价，不仅仅是对女性有影响，而且对她们起着决定作用。在传统的性观念影响下，男性常常用是否喜爱性作为标准来衡量女性。在他们的意识深处，所潜藏的还是“好女人不喜欢性爱，是不渴望性享受的”这样一个怪念头。对于他们心目中的好女人，便给予“端庄娴静”的赞语，但言外之意却不是赞扬她们举止文雅，而是说她们以贞节自持，不行苟合之事。

另一方面，很多女人是在无意识状态下自觉接受了男人对她们的看法，并从心里相信，便主动摒弃原始欲望，彻底约束住自己的性行为表现。当男人向这种女人提出性要求时，她们真正感到厌恶，甚至还会拼命加以反抗。出现了这样的结局，大概是男性始料未及的。

深切厌恶性爱的女人，大多是在充满错误的性观念的环境中长大的。有不少女性从小就得知，性爱是一件肮脏可耻的事情，下流人干得，正经人干不得。还有些女性听信了夸大性的片面宣传，在心灵深处留下了男女之事是暴力的印象。长大之后，还没有真正的性接触，她们便对性爱先存有了无名的厌恶和恐惧。

要想改变，首先作为男性，应多些耐心，经常浇灌一些甜蜜的“废话”，使性爱保持滋润。而女性朋友也不妨引导自己改变一下淑女形象，尝试做一个更主动、更狂野的女人，从而使自己走出“性爱厌倦”的心理怪圈。

让自己成为“性爱专家”

男人希望自己心爱的女人在床上能表现得更狂野、更主动。然而，性爱是两个人的事情。性爱的完美首先是态度的完美，夫妻两人都要对性爱抱积极的态度。假如男人感觉伴侣同自己一样喜欢性爱，就会非常迷恋她。

有许多女人不理解，男人为什么喜欢自己沉浸在性幻想里，而不愿和自己的伴侣有性行为？其主要原因就是男人错误地认为自己的伴侣对性并不感兴趣。事实并非如此，女人原本就有喜欢性爱的天性。不少职业女性都有过人格分裂的错觉，一方面要扮演好太太、好母亲角色，一方面还有工作压力，所以，两头烧的情况下，会身心疲劳，自然这就影响到个人的情欲，与先生的性互动也就消极起来。这是现实问题。另外一方的丈夫，往往忽略了太太的这种角色尴尬，只单向、片面地要求太太要激情高昂，而且最好狂野一点，也就是俗称的“坏”。

不可否认的是，有不少贤惠女性不知道开发“性资源”，更不懂得“女人味”的美妙，当然也谈不上享受“性”福了，以为一个独立的职业女性，要的是“知性”、“理性”，而不知还有“感性”，甚至学习

“性感”等功课。如何从一条虫变成一只美丽的蝴蝶，是每一个女人都应该考虑的问题。貌似纯洁清高的夫妻关系是冰冷的，缺乏一种肉欲的气息和感染力。与其做个不快乐的好女人，不如做个快乐的“坏女人”，女性也可以“坏”得让男人“性”服口服。

要想在性生活中享受到巅峰时的快感，试问自己以下几个问题，帮助自己成为性爱“专家”。

1. 对待性，你保守吗？

一个人对性的看法，跟家庭教育有着很大的关系。许多人从小受到的教育告诉她们“性是可耻的”。这很可能会影响她们对性的态度和性生活。把你对性的保守态度写出来，然后写出相反的观点，例如“只有坏女孩享受性”，再写下“所有女孩都应该享受性”。这样，你的观念会逐渐转变。

2. 你了解自己的身体吗？

女人时常抱怨男人爱抚的部位不对，其实，让男人了解你的前提是，你要对自己的身体了如指掌。一个人躺在床上，试着探索和开发自己的身体吧。记住，还要对自己的身体充满热爱和自信。

3. 怎么做让你容易达到高潮？

也许是激吻、也许是刺激阴蒂、或者是性爱时的幻想……总有一个原因，让你能迅速达到高潮。找出它，指引你的伴侣帮你达到高潮。

4. 你的性爱理由是什么？

仔细想想，促使你们每次性爱发生的原因是什么？有时是纪念日唤起了过去的美好回忆，有时是吵嘴后想重归于好，有时则是想增进感情，或者仅仅是为了要孩子……想清楚这些，有助于创造性爱机会，让你们更满足。

5. 你会担心自己的“阴部魅力”吗?

许多女性担心自己的阴部形状和气味，害怕它不正常，对方靠近时，她会焦虑不安。其实很多男性认为女性的私处是很美的。你应该学会爱护并欣赏这个私密的部位。

6. 性爱后，你是什么状态?

激情过后，你是脸颊绯红、神采飞扬，还是面带疲惫?很多时候，身体比大脑忠诚，这能帮你判断性爱质量。

7. 你该把自己的感受全部告诉他吗?

坦白地将自己的感受说给他!告诉他你如何享受性，告诉他什么让你觉得刺激疯狂?让他精确地掌握你的需求和欲望，他的回报也会令你满意。

著名作家劳伦斯曾说：“性和美是一回事，就像火焰和火一样。如果你憎恨性，你就是憎恨美。性和美是不可分割的，就像生命和意识一样。那随性和美而来，从性和美中升华的智慧就是直觉。我们文明的最大灾难就是对性的病态的憎恨。”如果一个女人能够诚实地表达自己的好恶，那么男人就会更加亢奋。男人乐于观察释放自我的女人，这足以让他们兴奋起来。作为女人，要知道伴侣一半的快感来自于你的真实感受，所以，请不要装模作样。男人需要被善待和进行适当的调适，而这也正是能使你获得满足感的地方。在卧室之外适用的道理，也同样适合于卧室之内：自立的女人能够更好地取悦他，因为她首先能更好地取悦她自己。毫无疑问，他知道她喜欢他们做爱的每一分钟，同时这也极大地满足了他的自我。

勇敢表达的女人最迷人

由于传统道德观念的束缚，中国女性在表达性需求时表现得很低能。很多能说会道的女性，一提到性就会哑然失语，更别提在男性面前大胆提出性要求了。大多数女性因此不得不活在性压抑中，备受煎熬。情况严重时，还会直接导致女性变成性冷淡，影响夫妻生活。女性之所以不敢大胆说出性需求的理由，以及希望从中获得什么。因为大多数女性的心中愿望与基本需要都是基本一样的："当身体有了需要，迫使我要找男性表达时，我觉得很不自在，很害怕，很羞耻，害怕被拒绝，担心被误会为淫荡。这一切使我不能清晰地思考，不能集中精力，不知道自己该对他说什么。"

抛开那些传统观念的束缚，克服面对性需要时的畏惧和胆怯心理，你需要大胆地表达自己的性要求，泰然自若地在男性面前随心所欲地提出性要求，并得到男性的热情回应。当然，表达性需要，不是闭锁的语言艺术，并不像许多人想的那样容易实现，必须经过学习，以及苦学修辞学才容易成功。女性在这方面花费些工夫，很有必要。女性要达到这种效果，获得向男性表达性需求的技巧，应当经常地训练自己。

其实，无论处在任何情况、任何状态之下，绝没有哪个女人可以毫无羞涩地大胆说出性需要，除了性服务者。向异性提出性要求，是一门精致的艺术，必须谨遵修辞法与优雅的表达方式。这一点我们在鸟类身上就能看到，雌性和雄性互相表达性需求时，首先用悦耳动听的鸣叫声吸引对方注意，进行交流。在表达性需求方面，鸟儿通常比人做得还好。其实无论是女性还是男性，要想随心所欲地表达性要求、满足性需要是极其困难的，必须经过坚苦努力才能达到。

生活在现代社会，我们把女性能否大胆表达性需求，看成是衡量一个女性是否开放的标准。以前那种有性需求深埋在内心，等待男人来发现的女性已经落伍。女性在与男性共进晚餐、在一起洗澡，或看电视、听音乐时，一般都可以自然地用语言或行为暗示表达性需要，依常理而言，直接地向男性提出性需要，不符合东方女性性格，含蓄的语言加上直爽的暗示，才更能显示出一个女人的魅力。

在床上野性的女人有着开放的观念，不仅是在性爱上的观念，还在经济等方面很开放。她们不再把家庭的重担压在男人的身上，她们不再做全职太太，而有自己的工作，不打算靠男人接济。她们的情绪不会被男人的行为牵着走，如果他不打电话来，没问题，她自己找事做，并且不去向男人大发牢骚。

野性的女人深谙自己的优缺点，也知道自己的魅力在哪儿，并且能聪明地运用。她们不会主动示爱，更不可能主动献身，懂得运用暗示，让男人来主动追求。她们不会没事就追问男人的过往恋情，或拿自己和他以前的女友相比，她们自信而优雅，她在乎的是如何展现美好的自己。她们有所为，有所不为，坚持活出真实的自己，只有这样，才能因爱自己而更有爱男人的能力。

完美的性爱来自完美的态度

爱情比友谊丰富的重要原因就是性爱。完美的性爱可以抚慰一个女人，使她尽展自己成熟的风韵，它也可以让一个男人更有男子汉的气概。性爱潜藏着巨大的力量，可以使我们亲密无间，也可以无情地把我们分开。

每位男女都应该知道，完美的性爱并不来自于高超的技巧、多变的花样，首先应来自完美的态度，以及对性爱所应抱持的正确观念。想达到性爱的完美，仅仅依靠本能和习惯是远远不够的。因为只有动物才仅依靠本能行动，而人类却不同。如果只依靠本能和习惯，随着时间的推移，人们性爱的质量会变得越来越差。最麻烦的是，这种感觉的变化细微得让人无从察觉。于是，性爱因为缺少乐趣而逐渐变成了一种习惯，就像例行公事一样索然无味。由于男人和女人对性爱的要求是不同的，假如没有完全明白其中的差别，那么，几个月或是几年之后——早晚有一天，性爱就会变得像洗脸刷牙一般索然无味。只要你愿意了解和把握完美的性爱，并为此作一些小小的改变，这种局面就会彻底改观。

性爱与生儿育女无关，更非肮脏的事，而是男女双方相互表达爱意的一种方式。纯粹的性冲动是平凡、庸俗的，因为这种性欲并没有个人化，它的对象是所有的异性；这种性欲只是争取在数量上保存种属，而很少考虑到质量问题。

为了在床上照顾好我们的伴侣，任何男女都迫切需要改变自己那些根深蒂固的想法，当然也可以采取一些新的技巧。总的来说，女人对男人的外在美，尤其是英俊的面孔并不那么重视，吸引女人的主要是男人的力量，以及坚定的意志、果断和勇敢的作风，或许还有诚实、仁慈的心地。

男人则不同，有时候一个男人会爱上一个明显丑陋的女人，究其原因就是这个女人能够在性爱方面给他带来无穷的快乐。现实生活中，男人对性的渴求一旦得不到满足，便会寻找其他的方式。性爱得不到满足，很容易把男人的思慕之情与某些女子联结起来；一旦想到不可能占有这个女子就会感受到无以名状的痛楚。比如包养情人、小三，或者招妓，虽然这种关系与正当合法的婚姻关系正好相悖，甚至不道德，但却真实地反映了男人对性爱的需求心理。

在私人生活里，没有哪个方面比性爱问题更让人缺乏认真态度的了。那些在其他方面相当忠诚、老实和公正的男人，一旦强烈的性爱俘虏了他们，有时也会变得轻率和随便，无所顾忌地做出出格的行为。他们似乎意识到自己这样做是为着一个更高的理由——这是自己妻子所无法给予的。

正因为如此，聪明的女人不会妄图去证明自己的男人坐怀不乱，而是让男人习惯拒绝除自己之外的女人来坐怀。只有愚蠢的女人，才去考验男人的人性，然后两败俱伤。成熟的女人会试着了解自己的男人，尤其是男人的身体。她们不会羞于研究性，有时候则必须深入其中的细节。这个过程与男女双方初谈恋爱时，相互考察对方是否适合自己一样简单。恋爱时，男女双方都有着小心翼翼和一丝不苟的态度，对彼此都密切留意，以防在哪个方面因看走了眼而出错。比如，这个男人走路好像有点驼背，或者总爱眨眼……当然，当事人本身并没有意识到彼此的观察。可以说，每一对男女都是在作过这些艰难的筛选，认为对方足够完美之后，才选择与对方结婚的。既然如此，为何不在婚后继续了解你的爱人呢？

从现在开始，尝试改变自己对性爱的观念，营造并感受性爱的快乐。当你与爱人都最大限度地取悦对方、满足对方、爱恋对方时，会发现完美性爱不仅可以加深彼此的吸引力，激发爱的能量，甚至能够改善我们的健康状况。聪明的女人不会浪费每一次激情欢爱的时刻，她知道完美的性爱不仅能迸发出活力的火花，还带给彼此美感、归属感以及对爱人的欣赏与感激。

当个暧昧高手

富有魅力的女人如同取之不尽的宝藏，始终以最为含混而暧昧的形象，勾画着男人的想象。她们个个都是玩暧昧的高手，并将其看做是成人之间的一场高智商游戏。作为游戏的参与者，她们习惯用暧昧关系来达成己愿，并收获快乐。

凡是富有魅力的女人个个都是善于玩暧昧的高手，她们能把与男人的这种高于友情，又无限接近爱情的关系玩得炉火纯青。她们并不想勾引谁、想出轨，或是引起异性的注意和吸引眼球，而是将其看做是成人之间的一场高智商游戏。与那些天真的小女生不同，她们从不把与一个男人的暧昧关系当做爱情，而是让这种关系成为帮助自己实现某种目的的手段。这些目的并不都与金钱利益有关，它们有时很简单，仅仅就是为了自己的快乐。

在这种暧昧的关系中，这些女人果敢大胆，却不胡作非为；她们恰到好处地与男人保持着微妙的距离，她们既不是这些男人的情人，亦非朋友，又难以称为知己；既不全身心地投入，又能知心知底。她们了解男人，因此总能收放自如，懂得什么时候进攻，什么时候后退，绝不会越雷池半步，惹火上身。

男人作为这场游戏的参与者，无论心中装了多少真真假假、远远近近的东西，无论这是一种多么危险的关系，他们都愿意与这样的女人交往。每个男人，骨子里总有这样一种情绪：想拥有一个红颜知己。这个红颜不是妻子，不是情人，而是居住在他精神领域里的那一个人，她不一定美丽，但一定娴静、圣洁、善解人意。在婚姻里，往往因为距离太近，彼此的缺点暴露无遗，因而也失去了与对方沟通的良好愿望，正因为如此，才使心灵的距离越来越远，失去了相知相惜、同气相求的可能。在他们的眼里，一个与自己关系暧昧的女人总是拥有着无穷的魅力。他们甘愿被这样的女人牵引着，甚至为其付出，但不是所有，因为聪明的女人懂得拒绝，更不会向他们提出过分的要求，让其产生不必要的误会。

在这些女人看来，暧昧是一扇门，你不能总是停留在门外，也不可以直接踏进房子里面，而只停留在门口。这一步之遥的距离，既不是起点，也不是终点。

首先，暧昧与爱情无关

许多人都会将“暧昧”与“爱情”扯到一起，两者听着“音”近，但内涵却差着十万八千里。暧昧可以看成是男女之间态度含糊、不明朗的关系，是一种很特别的男女朋友，存在于友情之间，又超然于友情之上，但又低于爱情之下。

暧昧在词典中是这样解释的：用意、态度含糊，不明白；不光明，不可告人的。其实暧昧是彼此有感觉，然而这种感觉不足以叫你们切切实实地发展一段正式的关系。这种感觉就是仿佛他缺不了她，她也离不了他，但其实，各有各的阳光、空气和水分……

暧昧是比好朋友再亲一点，但比情人远一点。暧昧是明白人生有太多的无奈，现实有太多的限制。你知道没有可能，但又舍不得放手。暧昧是有进一步的冲动，却没有进一步的勇气。暧昧是一方永远不说，另一方就永远装作不懂。于是一方永远沉默，一方永远装傻。暧昧是她不是你的情人，但她似乎比你的情人更关心你和了解你。

离情人很近，离朋友不远，不疼不痒，既不全身心地投入，又要保持一种暧昧关系的危险情感。这种暧昧看起来真的挺好。但许多人对此类情感还是嗤之以鼻，认为那是给脸上贴金的鬼话。人们更愿意相信纯粹的爱是存在的，但它仅存在于两个纯粹的异性之间，正常的两性之间怎么可能有如此纯洁的友谊？当异性之间的相互倾慕使彼此产生好感时，要么通过双方的努力使关系进一步发展下去而成为恋人，要么只能分道扬镳让往事成为回忆。至于这种介于爱与喜欢之间的微妙情感，既缺乏一种责任感更没有安全感。既然对方不能成为自己感情的最后归宿，又何必要去做这种无谓的感情游戏呢？

你要记住，暧昧与爱情无关，与感情有关。暧昧是一种无法言说的情感，源自心有灵犀的一种默契，在自然恬淡的意境中创造出一段纯真的心灵童话。置身于红尘俗世中的现代人，有机会找到一位志趣相投的知己，用心演绎一段美丽的人生，那也未尝不是一件赏心乐事。但凡事过犹不及，特别是男女间的交往，彼此敬慕、欣赏是愉悦的心理体验，爱得过火则就使一切都变味了。暧昧的最高境界，就如同品尝陈年佳酿，唯有浅斟慢饮才能品出个中滋味，让人感受到齿颊留香的妙趣。

人非草木，孰能无情。生活在这个世界上，我们每个人无时无刻不在被各种情感所激荡围绕，了解自己情感的过程其实也就是自身成长的过程。但不论我们如何成熟，总有一些情感让我们莫名欢喜或者莫名苦恼。感情如何分类，没有定论，所谓友情、爱情和亲情的三分法也只是一种粗略的说法，同样的一种感情对不同的人来说，其中的细微之处却可能有着天壤之别。心灵是如此广大，有什么样的感情产生都不足为奇。

女人和男人相识是极为不经意的，或许是街边，或许是酒吧，或许是咖啡馆，或许是网络。谁也没打算真的和对方有什么，只是因为一次相识让他们感到愉快，便成为了朋友。可能是一生的，也可能是一段时间的。不管时间长短，他们获得了从别处无法获得的安慰和愉悦。男人和女人的暧昧，是双向的，一个接受，一个情愿，有时候根本没有过格的想法，只是一种异性之间的吸引，一种尊重。

暧昧是女人的天性

暧昧是女人的天性。暧昧能让女人感觉到一种被娇宠的快感，它是女人一种潜意识的依赖，一种依附和情感。女人暧昧大多是满足心理的需要，是一种虚荣心的需要。不一定玩暧昧的女人就风骚，只是情不自禁而已，天性使然。

善于玩暧昧的女人也是一个有魅力与风情的女人。暧昧不是女人惹的祸，但暧昧的女人会收益很多，因为女人可以通过暧昧，收获属于自己的快乐。任何女人都可以在暧昧里展示魅力。暧昧只在不经意间，星星点点，却可以撩拨无限的欲望。一个富有魅力的女人也是如此，她们用一种含而不露的美，含蓄温和而不张扬，却恰到好处，事半功倍。暧昧往往用于异性之间，为此可以毫不犹豫地肯定，喜欢玩暧昧的女人通常都是自恋的女人。如果女人首先对自己不自信，又怎么会花心思用在和男人的暧昧之上呢？女人的暧昧，魅力无穷，性感妩媚。

女人在暧昧里获得欣赏。女人通常有很强的占有欲和表现欲，即使她不喜欢一个男人或者一样东西，她也不会拒绝别人的爱慕，也不喜欢有人和自己争抢。很多女人身边围绕着众多的护花使者，她并非喜欢男人本身，只是喜欢被男人追捧的感觉。和男人的暧昧关系，可以获得更多来自异性的欣赏眼光和夸奖。一个女人对一个男人假若毫无吸引力可言，那么这个男人又怎么会对这个女人有暧昧的渴望？女人的暧昧，是因为男人的欣赏。

女人在暧昧里追求浪漫。女人都不喜欢一成不变的日子，不喜欢波澜不惊的生活，不喜欢平淡无奇的爱情。安定平静的感情世界，并不能满足女人对于浪漫的幻想。浪漫对于女人就像鸦片，就算明知无益也成瘾成癖，改不了戒不掉。但是很多情况下，女人却不一定具备出轨的勇气，或者并不想在生活里引起轩然大波，所以暧昧是最好的方式。暧昧对于女人，就像烟草对于男人，是平淡生活中必不可少的调剂。

女人在暧昧里满足虚荣。传世爱情童话，王子公主的幸福生活，英俊的他深情款款的眼神，擦肩而过时暗涌的情愫和流转的欲望，这些都是女人做梦也渴求能发生在自己身上的事情。可是这种想象中完美的恋情和动人的场景在现实生活里很难实现，暧昧可以帮助女人满足那些不切实际的幻想，从而得到心理的满足。女人的虚荣，不仅在物资上，情感上也在所难免。

每个女人都喜欢异性充满爱慕的眼神和赞赏的目光，每个女人都喜欢获得男人的宠爱，女人是情感动物，所以女人喜欢暧昧，并在暧昧里成熟，完善自我。暧昧，不是女人的罪，暧昧，只是女人的天性。

暧昧是一种交际手段

女人喜欢暧昧，尤其是那些未婚的天真女孩，为了得到爱情用暧昧开始，再用深情修成正果——爱情。不过，那些已婚的女人不再忙于修正果，很少与异性产生暧昧关系，并认为这是不道德的。实际上，你完全可以放弃这个思想包袱，因为这只是与异性展开的一场高智商游戏，也是人际交往的一种手段。尤其在职场之中，人们都会在工作中建立友谊，通常是作为工作之外的一种心理补偿。因为在工作中我们总是很难完全表达自我，朋友会让我们感觉更安全放松。法国心理咨询师艾莱娜·维切阿里认为拒绝职场友谊是不理性的行为："认为不应该把个人感情和工作混为一谈很可笑，感情不是包裹，我们无法在工作时把它寄存起来，然后在离开公司时再取回来。事实上，我们的潜意识在不知不觉中发展着各种关系。"

人是情感动物，相处久了就会产生一定的感情，即使在复杂的职场中也不例外。暧昧可以融通人际关系，增强你在群体中的亲和力，但过度暧昧就会让人生厌，特别是在群体场合，比如讨论会，你对上司过度暧昧，就可能会给其他的同事留下坏印象。但如果你私下对男人适度暧昧，往往让男人感到你是和他关系很近的人。只要女人尚有些魅力，学会适度暧昧，往往一个眼神胜过千言万语。并不是说女人一暧昧，男人就会动歪心思，但在职场中，两性相悦也是逃不过的常理。因而，职场女人学会适度暧昧，就容易消除人际关系中的某些成见和阻力，增强在职场中的磁性。

Candy和徐先生原是一家外企的工作搭档，两人在工作中建立了深厚的友谊。辞职后，Candy和徐先生合伙开办了他们自己的公司。这个由他们一手创建的事务所虽然规模不大，但发展到后来也算有点成绩。

公司刚成立时只有Candy和徐先生两个人，他俩既是股东、老板、搭档，也是员工，所有事情都要靠自己去做，十分艰难。当初所以决定成立公司，除了因为他们在事业上拥有共同目标、工作理念契合之外，各自的家庭也给了他们不少支持。

Candy和徐先生都已成家，两个家庭彼此熟识，在空闲时不时吃饭聚会，已为人母的Candy还会与徐太太聊妈妈经。"我觉得家人的支持很重要，就像我先生从来都不会质问我，为什么三更半夜还在跟别的男人加班？为什么你们孤男寡女共处一室？为什么你见他的时间比见我的还多？"Candy说，"同样，阿毕的太太也通情达理，这样会令我们工作起来更加专业和专注。"她认为，要找到一个与自己完全合拍的工作搭档并非易事，有时候就算自己的另一半也未必明白自己工作上的想法，所以两个家庭都很珍惜这份共同的事业和这份独特的友谊。

在工作上，人们常用"男女搭配，干活不累"来调侃同事间的合作关系，认为异性搭配比同性搭配更有效率。事实上，男女搭配比单纯的"男男搭配"或者"女女搭配"，在工作上沟通时会更顺畅一些，会更有契合度。"男女搭配"能兼具取长补短、优势互补的好处。男人的果断、敏捷、体力好和女人的细心、耐心、温柔相结合，能使工作达到刚柔并济、粗中有细、快而稳妥的良好效果。从这个角度来说，职场女人与异性同事保持一种微妙的“暧昧”关系对双方的工作来说都是很有好处的。

不过，你要记住要永久地保持职场友谊，第一个要注意的就是别与同事分享你的私人生活，这也是职场中保全自己的一种方法。众所周知，“感情”是一种难以控制的心理活动，其中对同事的好感，这里所说的是暧昧之情，作为职业女性该如何看待呢？办公室里的暧昧职场女人又该怎样应对呢？我们认为职场暧昧不是褒义词也不是贬义词，关键在于身在其中的人平衡和把握。在面临突如其来的暧昧时，作为女性不要一棒子打死，而是要谨慎冷静面对，通过两性间理性高效的携手合作，共同面对职场风雨。

要暧昧，更要清醒

当暧昧发展到一定程度，离出轨就只有一步之遥。但暧昧最终没有变成出轨，是因为暧昧双方或一方的把持。暧昧会造成一种假象，让局中的双方为可能惹上麻烦的将来浮想联翩。女人一定要把持自己，在需要作出抉择的最后关头，避免可能导致的现实出现。

要记住，暧昧是一场游戏，必须有它的规则。这就像足球比赛，如果你将球踢出界外，那主动权便不在你的手中了。只有将“情感”留在界内，暧昧才会得以以更清醒的形式持续下去。

柴可夫斯基是俄罗斯著名的音乐家，有关他的红颜知己——梅克夫人的故事一度传为美谈。梅克夫人全名叫娜蒂契达·冯·梅克，是一位有一群儿女的富孀。在1876年，当梅克夫人在朋友家第一次听到了钢琴曲《暴风雨》时就被倾倒了，而此时的柴可夫斯基正陷入经济困境而无力自拔。

一开始，梅克夫人对柴可夫斯基的生活一无所知，除了他在信中告诉她的之外。他是一个工程师的儿子、一个学法律的学生，但“极其迷恋音乐”，师从鲁宾斯坦，现在36岁了，还“在声之海洋中漂泊，望不到一个安全的港口”。梅克夫人就致力于为柴可夫斯基提供这种安全的港口。

柴可夫斯基和这位夫人维持着奇特的友谊，她只从他送给她的照片中知道他的外貌，但是她了解他内心最深处的思想。娜蒂契达以她的精明机智和女性的好心肠赢得了他完全的信任。她从来不多打听他不愿说的事。在他绝望的时刻，她安慰他，倾听他的诉苦并使他有勇气继续干下去。她经常解救他的经济困难。没有其他女人能成功地迫使这位高傲而敏感的人接受经济援助。

由于柴可夫斯基自己在经济上乐于助人，所以他对接受梅克夫人的慷慨帮助也就毫不介意。对他们的奇特关系他也处之泰然，联系他们的纽带就是他的音乐。但他们必须永不见面，否则这种关系就会被某种太现实、太物质的东西所代替，友谊也就不可能继续下去。

娜蒂契达趁着到国外旅行空出她自己的住房之际，邀请柴可夫斯基来到她家住。1878年冬，她从度假地佛罗伦萨提出一个更为大胆的要求，她邀请柴可夫斯基也来到这里，并为他准备了一所村舍。而这座房子离娜蒂契达的住处，只有几十米的距离。尽管柴可夫斯基每天到镇上寄信取信的时候都要经过她的房子，他们也没有选择见面。

但是有一天不可避免的事发生了。一次，柴可夫斯基和娜蒂契达本来已仔细地安排了他们的日程，使得一个外出时，另一个一定留在屋里。但是他们在计算上出了差错，两个人相见了。在他们一生中，这是他们最亲密的一次接触。此后，柴可夫斯基给这位孀妇送去他的《第四交响曲》的钢琴改编曲。娜蒂契达听后，抑制不住自己的激情，写了一封信给柴可夫斯基，信中彻底地向他倾吐了衷情。

柴可夫斯基成功后，收到了娜蒂契达·冯·梅克的一封信，信中用了她从未用过的语气，她以一种简慢的、办理事务式的态度通知了他，她的财产正处于全面崩溃的边缘，因而从此以后她无法再供给他任何款项，并告诉他，他们之间的亲密关系必须结束了。自那以后，柴可夫斯基再没有任何娜蒂契达的音信了。

女人在暧昧时，常常会真心地付出自己的感情。不管这个男人值不值得她付出，在女人对他有了暧昧后，女人总会很用心地对待这个男人。她会想方设法了解他的信息，她会千方百计地关心他的行踪。在她的心里，朦朦胧胧地开始对这个男人有了一些说不清道不明的情愫，比朋友多些，比情人少些，比关怀多些，比爱情少些。总之，女人在暧昧时，大多会将暧昧看做是自己的一种情感，看做是自己的一份付出，专一且真诚地对待，并希望能得到同等的情爱回报。

女人的暧昧很多时候不同于男人。女人是抽象的，所以暧昧来得婉约；女人是妩媚的，所以暧昧来得风情；女人是宽广的，所以暧昧来得深沉。男人的暧昧，可能为的是需求，为的是解渴充饥。而女人的暧昧，可能为的是心灵，为的是动心动情。男人面对暧昧，只可能在暧昧时会付出他的真情。

男女之间的暧昧绝不是指肉体的出轨。如果一个女人随便跟哪一个男人便发生一夜情，这是很低级的行为，不是性心理变态，就是性欲过于旺盛。暧昧排除了本能的欲望，仅仅是在思想与情感上的向往追求，这种向往追求无须与肉体的相交挂钩。

女人玩暧昧其实不是谁都能做的，那不是那种简单地抛媚眼就实现的，而是一种用女性的特长吸引男人，让男人沉迷，沉迷在她的语言里，沉迷在她的身材上，沉迷在一种女性的气息里，让男人听自己的指挥。有的女人把玩暧昧当做交际手段。实际上，女人玩暧昧为的是一种女性的价值，利用的一种女人的资本，玩暧昧未必就不是好女人。只有聪明的女人才懂得如何在关键的时候收手，因为“真理向前再跨一步，哪怕是微小的一步也会变成谬误”，暧昧的关系更是如此。

善用暧昧的力量

玩暧昧，在职场中能运用自如吗？既不会越界，也不会招来狂蜂浪蝶？如果你需要别人帮忙，适当暧昧是明智之举，要善用这个小技巧。不要太单纯，以为职场不吃这套。不过有人反对这一点，女性在职场搔首弄姿会影响全面地展示能力和智慧，而男人也很容易因此惹上性骚扰的官司。对此，坏女人会说：“这招确实有用，玩暧昧是你不断实现职业提升的又一优势。”

记住，即使你拥有高超的暧昧技巧，如果对方是个笨蛋，你的策略也不会成功。因为，暧昧是否成功取决于对方怎么回应。大多数女性，都不想公开表现情愫或者被别人发现在办公室搞暧昧。所以一般都要偷偷摸摸。“柏拉图式的精神恋爱的确可以帮助你迅速与同事建立联系，和睦交往。”

那么，怎么样才能有技巧地玩暧昧，不越界，还仅限于精神层面?

人们将职场暧昧定义为一种社交外延手段，其规则和很多社交礼仪一样。保持眼神接触，微笑，提问还有聆听，随后抛些若有若无的暧昧。玩暧昧目的是让对方觉得你有自信和有吸引力，表现出一点点色，但不要太明目张胆。如果你做得有技巧也有经验，玩暧昧确实能成为女人的一大武器。

处心积虑地玩暧昧有时也会玩过火，比如你如果碰到保守人士麻烦就大了。因此，要了解你的暧昧对象。好好解读别人的反应，如果别人反应不对，就很麻烦。如果你为了升职和主管玩暧昧，很容易被引入性骚扰官司之中。法律上定义的性骚扰是指带有性色彩，不受欢迎的行为。当你对人玩暧昧，就意味着对方可以随便。也就是说，你可能被误解，然后沦为性骚扰的对象。

玩暧昧是一种策略手段，但风险不小。一旦你觉得对方感觉不对或者双方力量出现失衡，一定要马上抽身。这是不能违背的金科玉律。

外遇不是你的罪

聪明的好女人不会一味地要求男人绝对忠诚，因为这等于是让男人违背自己的天性。当面对男人的外遇行为，哭闹与责备并不利于解除危机，只能加深裂痕；软弱与妥协更不能挽救婚姻，只能纵容男人。

“外遇”始终像植根于都市生活的一种顽疾，混迹于爱情、道德、背叛与人性的纠缠中，悄无声息地存在着，成了避而不及却又不得不去面对的社会现象与问题。面对外遇的人无论是他还是她，也无论是夫妻、情人还是男女朋友，都无疑是一场情感的遭遇。在许多人看来，“外遇”总与男人有关，于是人们就发明了这样的“格言”：世界上有三样东西不能相信：男人的承诺，男人的情感，男人的理由。背叛是男人的血统，博爱是男人的宣言，自由是男人的口头禅，见异思迁是男人的风尚。

然而，有时摧毁婚姻的并不是男人，而是女人自己。面对外遇，聪明的女人认为，责备并不能控制局面，只能加深裂痕。因为婚姻就像一件瓷器，一旦出现裂痕就很难修复，只有通过和解才能使一切再现生机。然后女人要确认自己是否还爱着她的男人，如果不爱，聪明的女人自然会作出该有的抉择。如果爱，她们则会有效地解决问题，寻找丈夫“外遇”的原因，并求得答案，然后再加上足够的爱、努力、了解和承诺，去拯救自己的婚姻。

外遇是人类婚姻的伴生物

在许多夫妻看来，外遇是永远都不能被原谅的错误。因为维持婚姻关系的最大力量便是互相信赖。外遇却打破了这一关系，摧毁了彼此的互信。

“外遇”是一种罪过，但却是人类婚姻的伴生物。在现代生活中，外遇的发生有复杂的原因——社会的、家庭的、个人心理的，女性外遇者也不少见。但最基本的原因不外是“男尊女卑”的不平等关系以及婚姻中欲求不满（情、性、安全、信任、寂寞、挫折等）。

丈夫为什么发生婚外情？妻子该怎么办？许多女性急切需要寻找到答案。男人花心，除了历史、政治、传统等原因外，据一些精神病专家分析，与他们的荷尔蒙含量多少有关。有的人浪漫成性，经常坠入情网，也有些人从来没有体验过恋爱的滋味。爱情泛滥或爱情缺失，都是一种人生不幸。

有人问外遇的丈夫什么时候能够回头？科学家泰诺夫曾经测试过浪漫爱情的持续期，即从迷恋开始到对爱的对象产生“中性感觉”的时期，他的结论是："最通常的迷恋期大约为18个月到30个月之间。"因此一些女性无奈地又是充满希望地等待丈夫在情感"疲倦"后回归家庭。有一些丈夫确实可能"浪子回头"，但是也有些"花心"的男人，有可能结束一次外遇后，还会寻找新的女友，开始新一轮的恋情。

女性之所以情感伤害比男性深，在于这样的认识上：一是夫妻关系应该是纯洁无瑕的，容不得半点亵渎，男人犯任何错误都能理解，就是不能犯"作风方面"的错误，出了这样的问题就会把它视为道德问题，视为对于感情的彻底背叛。有些人把离婚当成唯一有效的解决方法，但依然不能彻底消除被羞辱的愤恨。二是即使勉强容忍，没有离婚，也会耿耿于怀，想起来就和丈夫吵闹，或用"冷战"、"拒绝与丈夫过性生活"作为惩罚。本来是为了让自己心理平衡，出出气，使丈夫吸取教训。可丈夫更易因为缺乏家庭温暖而生"叛逃"之心。

一曲《风中之烛》唱尽英国王妃戴安娜一生的悲剧，那是一个美丽女人的爱情悲剧，一个世纪童话破灭的悲剧，两个孩子失去母亲的悲剧，一个帝国历史的悲剧。谁也没料到这个悲剧的根源是一场情殇，戴妃其实死于一段感情的失落。

戴安娜与卡米拉一起到机场为出国访问的查尔斯王子送行。她看到查尔斯王子登梯之际还与卡米拉亲热耳语，自己反而受到冷落，不禁妒火中烧。当时她相信只要正式成为王妃，就可以把王子争取过来，回头再收拾卡米拉，应该不成问题。

戴安娜进宫之后，立即按自己的想法展开一系列行动。她仔细查问查尔斯王子与卡米拉的交往情况，当看出王室工作人员不肯配合并固守那些清规戒律后，就逐步撤换他们，将自己的亲朋好友调入王室充当心腹。对查尔斯主持的社交活动，她都要亲自审阅被邀请的客人名单，经常将王子喜欢的那些谄媚的奉承者排除在外，为此不惜与他厉声争吵。她还采取监视手段，掌握查尔斯外出的行踪，不断打电话要求王子尽快返回家陪伴她和孩子们。

然而，戴安娜并未取得实质性的胜利，虽然她比卡米拉年轻得多，漂亮得多，又有王妃的身份，还生育了两个可爱的小王子，但查尔斯偏偏对卡米拉一往情深，顽固地保持着与他的这位“老朋友”的私通关系。他对戴安娜王妃总是不屑一顾。他在过 43 岁生日那天晚上，故意请戴安娜看他选定的电影《一个微不足道的女人》，用这部电影的片名暗示他对她的蔑视，使周围的随从们啼笑皆非。

戴安娜以纯洁的处女之身，满腔热忱地献给查尔斯，得到的却是冷若冰霜的回报，这使她非常困惑，也深感不公。在无可奈何之中，她越来越愤怒，闹得查尔斯不得安宁。一位目睹王储夫妇关系逐渐疏远的朋友说：“像查尔斯这样婚后长期与另外一个女人藕断丝连，作为妻子的戴安娜感到愤怒是无可厚非的，但不得不承认戴妃的行为有些过火。这导致他们之间的裂痕更深了，他不可能回心转意。”

在婚姻中囚禁男人的女人往往是不自信的，而且这样做的结果是男人和女人都非常痛苦，解决不了感情不和的尴尬局面。就像已逝的英国王妃戴安娜与王储查尔斯、情敌卡米拉之间的关系微妙而令人烦恼。无论戴安娜怎样痛苦，查尔斯都不肯割舍他对卡米拉先入为主的爱情。这份爱情积淀了 20 多年，已经具有死心塌地的性质，根本不以其他女人的年轻和漂亮为转移。戴安娜顶多只能在王宫禁苑里做“卡米拉第二”，心平气和地培植一株伪善之果。

卡米拉正是利用戴安娜想维护同王子的爱情而采取的过激行为，进一步赢得了王子的爱情，因为她深知戴妃所采取的一切行动都是王子所厌恶的。戴妃越近一步，王子将会越远离她一步。

戴妃若稍微明智一点，无视卡米拉，给予丈夫一定程度的信任，“难得糊涂”一下，也许查尔斯会发现她的成熟可爱之处，她与王室的关系也不会搞得那么僵。以戴安娜的敏感，在婚前就对查尔斯与卡米拉之间的关系非比寻常有所耳闻，但她年轻自信，急于改变自己地位的决心压倒一切，所以在有意无意间，还是进入了事先安排好的剧情之中。她最终发现与卡米拉一较长短是毫无意义的，她才开始考虑自己生命的价值，并对王室产生强烈的反叛情绪。可是，她的心已布满伤痕，这些伤痕最终导致她的人生悲剧。

当妻子发现丈夫有第三者，而那个外遇并没有什么特别出色的地方时，她往往会说：“她哪一点比我强！”这是一句很容易出口的情绪话，但却是封住解决之道的一种心态，更重要的是暴露了她自己的不自信。说这话的女人很可能是大家闺秀，受过良好教育，面目清秀，举止大方，颇得人缘，做事井井有条，出能应酬，入能治家，是所谓“能干”的主妇。先生不知是几世修来的福气，才娶得如此内外兼修的妻子。相反，那个第三者很可能是风尘女子，出身“卑贱”，大字不识几个，家事全不会做，除了喝酒、抽烟、打扮得妖冶柔媚能迷惑男人之外，什么本事也没有。

说这话的最大错误就是把自己拉下来与丈夫的外遇比高低。做妻子的并不是靠“比人强”而维系其地位的。世界上人外有人，强人亦多得是。如果说：“她哪一点比我强！”那么请问，如果有这么一天先生真遇到一个身世、修养、容貌和能力都比你强的女子，你是不是就很服气地将丈夫拱手让给她呢？话说回来，若有这么一个女子，各方面都不比你强，却能成为你丈夫的外遇，这似乎不是说意气话的时候，应当冷静而虚心地检讨他们之所以“遇”的原因，及自己之所以天天与丈夫住在一起而“不遇”的道理。

有策略、有原则地宽容

人际关系本来玄奥，男女相处尤其微妙。一个女子若什么都不强，是否也可以因觉得需要讨人喜欢而态度温柔，而让男人在她面前有些优越感或被需要的满足感？一个女子若出身高贵、能力很强，是否也可能有明显的咄咄逼人的气势，使男人觉得自己在与不在并不重要，甚至让丈夫觉得家中既有磐石在，自己偶尔外遇一下似无大碍。

真正的问题在于一个女子若任何方面都不强，她不论做什么事，谈恋爱也罢，就算是媚惑有妇之夫，她都可能全力以赴；而一对结婚多年的夫妇，对于互相的照顾及感情的表达可能都已流于疲惫。以疲惫之势敌全力以赴之情，当然处于下风。“她哪一点比我强？”她就是全力以赴的态度比你强。

人，不论是很优秀的人，或是很普通的人，做任何事——包括勾引别人的丈夫或保护自己的丈夫——都要全力以赴，才能做得成。人是否优秀，其重要性远远比不上是否全力以赴的做事态度。狮子的力量强过兔子千百倍，但狮子搏兔必用全力才能成功，因为兔子逃命，是拼着全力的。一个不全力以赴的人永远会输给全力以赴的人。在这个竞争中，“她哪一点比我强”并非关键所在。如果配偶品格高尚或自制力强，他可能到任何场合都能拒绝其他异性的引诱。相反，如果配偶有了外遇，那也不是他（她）特别“好色”或“水性杨花”。在今日的社会里，有外遇或无外遇，常常只是机缘的问题而已。幸运的夫妻终生无事，不够幸运的夫妻就会变生肘腋。任何人要结婚，最好不要认为一旦结了婚就“当然”会终生互爱，白头偕老。

每看见有女人在发现丈夫有外遇时，那种一哭二闹三上吊的无助，就会觉得她们为何能无知到不把这种事列在寻常的可能范围之内？她们好像在未发现丈夫有外遇前，一直都是相信丈夫不可能有此一日似的。她们凭什么这样无条件地相信一件人性中本来很难做到的事情？

美国前总统克林顿的性丑闻曾在全世界掀起了讨论的热潮，不同的人对这一事件有着不同的看法。但有一点似乎是肯定的，克林顿喜欢拈花惹草。人们不禁要问：“美国第一夫人希拉里怎么容忍得了这位枕边人，而且还在紧急关头力挽狂澜让他起死回生？”这个问题可能是有史以来美国政坛最让人猜不透的谜。有评论认为，克林顿夫妇的婚姻是20世纪美国最不可思议的婚姻之一。然而，我们从这里可以看出谁才是真正的胜利者，那就是希拉里。面对丈夫的丑闻，宽容让希拉里成为一名优雅的胜利者。

克林顿1978年在阿肯色州当州长后不久，就得了个“后来居上小子”的诨号，而他每次得以东山再起，都全赖夫人希拉里幕后和阵前相助。每逢克林顿有难，希拉里就扮演双重角色，既是统领反攻的主帅，又是正面冲锋陷阵的过河小卒。

对于这位夫人的能耐，克林顿当然知之最详。1992年竞选总统时，克林顿把希拉里向选民推销：我当总统“买一送一”。意思是希拉里也有足够当总统的斤两，他当选就等于选出两位总统。当时有评论说，如果美国有第一位女总统的话，她可能就是希拉里。

进白宫之初，希拉里常以当年非正式地代行总统职务的罗斯福夫人自喻，待到她一手策划的医疗福利改革失败之后，才有所收敛。然而在关键时刻，尤其是在克林顿的个人问题触发危机之时，白宫内群龙无首，克林顿身边的人都会对希拉里翘首以待，盼望她出来稳住阵脚，安定人心。

没有人相信像希拉里这样聪明的女人不知道克林顿爱勾三搭四，可希拉里为什么一忍再忍，对于克林顿夫妇这种叫人难明所以的结合，在发生了最新一轮性丑闻案之后，评论家们有各种各样的解释。很多人谈到的是，应从二人最初的相识和结合去了解两人的关系。大概 1970 年相识开始，二人就已意识到彼此的关系是一种共生而又互补的关系。他们对政治、政策、权力、读书和思想有共同爱好，并对朋友说，二人在一起可以达到一个人难以达到的高度。克林顿最欣赏的是对方的智慧。而在希拉里方面，对克林顿的感情较传统，有朋友说，其情近乎“痴迷”。也有一些分析家认为，两人的结合从一开始就是功利性的，是一种互相利用。克林顿自小便有出人头地的志向，少年时有机会到白宫与前总统肯尼迪握手之后，更立志要当白宫的主人。克林顿在大学时代就爱穿梭花丛，但他偏偏选上当时架着黑框近视眼镜、不施脂粉、不修边幅、以激进女权主义者姿态出现的希拉里，只是考虑到她的才能有助于他直上青云。希拉里则被说成是一个冷心肠的野心家。据她的一位朋友说，希拉里不但知道克林顿对当总统如何毫不讳言，而且知道他可以真的成为白宫的主人。这样，只要能带她进入白宫当女主人，一切屈辱都可以忍受。后来克林顿的一次又一次失败、胡闹，更支持了这些评论家的观点，他们把希拉里下嫁克林顿称为“希拉里与魔鬼的契约”。

克林顿夫妇经历过许多大大小小的磨难，这为他们培养出了特别灵敏的警觉性，哪怕是来自敌人的一点点不友善目光，也会使二人同时产生条件反射性的警觉。即使二人有不和，也会为了同仇敌忾而化解，或暂时搁置一边。丈夫的不忠，在这个时候变得不那么重要了。两人27年的婚姻生活中，已形成一个危机应变的模式了。不论是克林顿竞选失败、爆出性丑闻，还是政敌发动大攻势，都总是由希拉里出来领军，而让克林顿安静养“伤”，以伺机东山再起。在这一过程中，希拉里甚至不惜一切代价把自己来个大革新：扔掉黑框眼镜，改戴隐形眼镜；改变发型，添置新装；连名字也改变了，正式改从夫姓，成为克林顿夫人。二人的关系成为了“专业化关系”，她在这种关系中是克林顿的主要政策顾问和政治战略家，其次才是妻子。

丈夫的艳情曝光制造了世界性的丑闻，希拉里作出了最明智的选择：沉默。这种沉默是对待丈夫的，也是对待所有人的。她不想对着全世界大哭大闹，因为她知道所有人都等着看这个笑话呢。因为她，克林顿有个下场的台阶；因为他，希拉里有登台的机会，她去竞选议员。

人们说希拉里仍同克林顿在一起是为了自己的利益。希拉里则透露了她忠诚的驱动力。她说她已经从母亲的痛苦经历中吸取了教训：“每一个家庭都会有一些变故，人们必须去面对它。如果你爱一个人，你就不会离开他，你会帮助他。”希拉里想从《圣经》中找例子来解释自己的忠诚，露辛达便推荐了《哥林西书》中的一段：“爱超越了一切事物！彼得3次背叛基督，基督也知道，但他还是爱彼得。人生不是直线发展的，它有许多岔路和挑战，我们需要互相帮助。”

希拉里忘不了和克林顿曾经有过的生活：“我们聊天，我们在日光浴室、在卧室、在厨房里聊些鸡毛蒜皮的事。我们喜欢躺在床上看电影，你知道啦，就是那种能搁在膝盖上的小巧的个人录像机。”在大学期间，希拉里就得到了“为所坚信的东西大声疾呼，并且能够站在独特的立场上调解各种冲突”的评价。她能够变通，使自己处于有利位置。

虽然希拉里的好梦被外界的风言风语打破了，但为了恢复生活的平静，她没有丝毫的怨恨和痛苦，责无旁贷地以妻子的独特身份“证实”丈夫的“忠诚”。她宣布：“我相信我比世界上任何人都了解他。”

这是许多年前一幕的重演。1992 年克林顿竞选时被揭穿与夜总会女歌手珍妮弗·弗劳尔斯有 12 年的暧昧关系。功败垂成之际，希拉里同克林顿在电视上慷慨陈词：“我现在不是作为一个小女子坐在丈夫的身边，我会在这儿是因为我爱他，尊敬他，以他的经历和我们一起的经历为荣。”这一幕扭转了乾坤。有讽刺意味的是，在后来的性丑闻中，克林顿在秘密作证中供认，当年他与珍妮弗确有其事。

如今，她在经过几年的幕后部署后，再到台前领导反击也同样收效甚佳。她不仅表达了妻子对丈夫的信任，且作出政治反击，直斥斯塔尔的独立调查委员会有政治动机，他们夫妇是“庞大右派阴谋”的牺牲者。这一仗，她又胜了。克林顿的声望奇迹般地回升，比性丑闻发生前还高。

戴安娜与希拉里同为政治名人的妻子，在对待丈夫感情出轨的问题上，却采取了十分不同的方法。希拉里能站在全局的立场上调和各种矛盾，从而让伴侣能下得了台阶，也让自己重新赢得爱情。她明白自己不仅嫁给了一个男人，更嫁给了美国，因此她考虑问题就不能仅从一个普通女人的感受出发，更要从国家第一夫人的立场出发。

女人如何既保持个性又能获得世俗的利益呢？就得像希拉里这样运用“宽容的力量”，这不是妥协与软弱，这叫“有策略、有原则地宽容”。

外遇是考验女人的最好课堂

一般夫妻或者情侣总希望能看牢对方，外面的世界诱惑太多，仿佛一不小心对方就会像鸟儿似的永远飞走。于是在长年累月的担心中将自己异化成一只鸟笼。殊不知，在囚禁对方的同时，你自己也失去了自由。因为你不信任对方，总要时时刻刻看管、监视、提防，使得自己也耗尽心机、精力和时间。

然后，这只鸟笼还会慨叹：“活着真累啊！”你肯定会累的，除非你愿意打开笼门，让鸟儿飞走，把自由还给自己。还有一种可能性就是，当你打开笼门时，鸟儿反倒愿意回来了。因为敞开的鸟笼已不再是牢房，而成了一个温暖的爱巢。

“打开笼门，让鸟儿飞走，把自由还给鸟笼！”这是台湾诗人非马的一首小诗。这首诗的点睛之笔是最后的“鸟笼”二字。如果写成“把自由还给鸟儿”的话，这首诗就没什么出奇的地方，甚至算不得是诗。那么，“把自由还给鸟笼”又有什么特别呢？特别之处就在于，我们往往只看到打开笼门，鸟儿获得了自由。而很少看到鸟儿获得自由的同时，鸟笼也获得了自由。诗人通过精练的语言将个中寓意向我们传达了出来。

因此，当你的配偶对你是疏远的、孤立的，而且已经持续了一阵子，不要以牙还牙地收回你的感情，反而要更加慷慨地给予。这是对女人最好的考验，你要处理这个问题，首先不能因为你丈夫有了外遇而否定自己，你得告诉自己一条，任何一个女人对自己的丈夫来说都不可能百分之百地满足他的需要，谁都有缺憾，可能你缺的恰恰是那个女人有的；其次，你不能“宜将剩勇追穷寇”，你为什么要把每件事情都弄得很清楚呢？其实面对你步步紧逼的行为，他会感觉到很尴尬，假如不是因为他爱你，不是因为他和你之间的情感已经变成亲情，他不会这样千方百计地来隐瞒你。

如果你的婚姻或爱情被“第三者”占领了，她拥有年轻、漂亮的“硬武器”或温柔、体贴的“软武器”，而你已经人老珠黄或被柴米油盐熏得性格粗糙，或者你依然优秀，但是你却在感情上怎么都斗不过那个第三者。这里，给你提供一个比较理智的做法：收敛起悲伤和无望，平和自己的心态——与其让一份半死不活的爱情把自己耗得精疲力竭，或为一份失去而找不回的东西怒火中烧，不如放开手，成全他们。让他们的爱情燃得更旺一些，让她与离你而去的男人更亲密一些，让他们看似轰轰烈烈的情欲更彻底一些，这样，让他们离平淡和熄灭更接近一些。这个策略从效果上讲，跟你竭尽全力阻挠他们是一样的，甚至更好，但在姿态上你要更胜一筹。而且，从心灵深处来说，他们欠你的，尤其是背叛了你的那个男人，在以后的日子里总要时不时地背上良心的枷锁。

“成全”在这里也可以理解为“欲擒故纵”或“失之淡然”。感情斗争中，也是需要“智勇双全”的，如果双方资历不相上下，那就更需要心智的较量，勇者相逢，智者胜。

有这样一个故事，也许更能说明这个观点：

有一个武士，深深地爱着一个女人，可是几年后这个女人却爱上了另一个男人。武士觉得自己很优秀，怎么也想不通女人怎么会又爱上另外的男人。武士尝试着挽回女人的心，可是他越努力越失败，于是他非常生气和愤怒，想杀了那个“第三者”，可是又怕伤害了自己心爱的女人；但是让他放弃女人，他又绝对不甘心。他不知道怎么办，便去问一个经验丰富的老人，老人说：“你的做法是不对的，因为你一直使用的方式都是试图使他们分开。你越这样，他们就越想在一起，你放下你的愤怒和失望，尝试着去促使他们在一起，一切可能会是另一番样子。你让他们以不能分开的方式在一起。”武士说：“那我具体应该怎么办?”老人说：“你让他们结婚，给他们屋子，给他们食物，让他们光着身子在屋子里快活，让他们想爱多久就爱多久。”武士按照老人的话去做了。开始的时候，那个女人和她所爱的男人很开心；几天后，女人受不了了；又过了些日子，那个男人也受不了了。他们开始互相抱怨，然后开始吵架，觉得彼此的身体变得熟悉而丑陋。他们闭上眼，都不愿更多地看到对方。几个月后，武士放开了他们，他们却彼此朝着不同的方向逃跑了……

从这个故事里，我们不难看出，在感情中，有时候男人和女人的关系是“怪怪的”，分久了想合，合久了想分，高明点的伴侣以其成熟的性情、丰富的内涵而能够让这种分分合合保持静态，借以平衡自己的爱情和婚姻；而不太高明的伴侣却试图用动态的大分大合来寻求一种终极的幸福，结果往往徒劳无功。

作为感情的准失败者，如果没有一点胜利的希望，那么不妨尝试着放下一份即将死亡的感情，成全别人暂时的胜利。也许你没有心胸去真诚地祝福他们，但是总可以保持沉默吧，静观他们或好或坏的结果，同时也给自己的尊严留一条生路。

曾经有这样一个故事，有一天，文士和法利塞人带一个在行淫时被抓的女人来见耶稣，他们说：“按照摩西法，这样的妇人要用石头砸死。主啊，你说该怎么处置她？”耶稣弯着腰用指头在地上画字，并不回答，他们就不停地追问，耶稣直起腰来说：“你们中间谁是没有罪的，谁就可以先拿石头打她。”说完又继续弯腰用指头在地上画字。那些人听到耶稣的话，从老的到少的一个一个全都走了，最后殿里只剩下耶稣和那位妇人。耶稣直起腰来说：“妇人，没有人定你的罪吗？”妇人说：“主啊，没有。”耶稣说：“我也不定你的罪，去吧，从此不要再犯罪了。”

耶稣能宽容，我们也能宽容，宽容是一种爱。而现在，婚外恋像频频上涨的物价一样，女人要学会以冷静和成熟的心态去承受，去面对。要知道，婚外恋是挡不住的诱惑，但女人要用一颗宽容的心去感动自己的伴侣，让他们知道家是永远的避风港湾……

现实中有很多找情人的男人以爱情的数量为荣，不愿花精力去培养伴侣，自以为像脱衣服一样脱掉旧的换新的就行了，殊不知，再新的衣服也总会变旧的。换一件衣服也许很容易，但是换一个爱人恐怕就连带产生很多烦恼了。所以，发生婚外恋的男人心态总是不会平衡的，他无法找到一个恰当的支点，所以就得在理想和现实之间游荡，偏离了哪一边，他都不会快乐。生活只能达到一种相对的平衡，而不可能实现全面的圆满。对于脆弱的婚恋，你就更应该抱着对伴侣既要明察秋毫，又要宽容大度的态度，放弃完美主义，从现在起只追求平衡，不求圆满。当全世界的有心人都在为现代的婚姻担忧时，事前承认危机的寻常存在，随时在心理上有应变的准备，不失为对这种事的较成熟的态度。

图书在版编目（CIP）数据

幸福的能力 / 打坐十年著.—2版.—哈尔滨：哈尔滨出版社，2017.5

ISBN 978-7-5484-3076-6

Ⅰ.①幸… Ⅱ.①打… Ⅲ.①女性-修养-通俗读物 Ⅳ.①B825-49

中国版本图书馆CIP数据核字（2017）第326956号

书　　名：**幸福的能力**

作　　者：打坐十年　著
责任编辑：韩金华　王　健
责任审校：李　战
封面设计：Amber Design 琥珀视觉

出版发行：哈尔滨出版社（Harbin Publishing House）
社　　址：哈尔滨市松北区世坤路738号9号楼　**邮编**：150028
经　　销：全国新华书店
印　　刷：哈尔滨报达人印务有限公司
网　　址：www.hrbcbs.com　www.mifengniao.com
E-mail：hrbcbs@yeah.net
编辑版权热线：（0451）87900271　87900272
销售热线：（0451）87900202　87900203
邮购热线：4006900345　（0451）87900345　87900256

开　　本：787mm × 1092mm　1/16　**印张**：14　**字数**：200千字
版　　次：2017年5月第2版
印　　次：2017年5月第1次印刷
书　　号：ISBN 978-7-5484-3076-6
定　　价：32.00元

凡购本社图书发现印装错误，请与本社印制部联系调换。
服务热线：（0451）87900278